AVANTE, MULHERES!

Copyright da tradução e desta edição © 2020 by Edipro Edições Profissionais Ltda.

Título original: *Déclaration des droits de la femme et de la citoyenne*. Publicado originalmente na França em 1791. Traduzido com base na 1ª edição.

Todos os direitos reservados. Nenhuma parte deste livro poderá ser reproduzida ou transmitida de qualquer forma ou por quaisquer meios, eletrônicos ou mecânicos, incluindo fotocópia, gravação ou qualquer sistema de armazenamento e recuperação de informações, sem permissão por escrito do editor.

Grafia conforme o novo Acordo Ortográfico da Língua Portuguesa.

1ª edição, 2020.

Editores: Jair Lot Vieira e Maíra Lot Vieira Micales
Coordenação editorial: Fernanda Godoy Tarcinalli
Produção editorial: Carla Bitelli
Edição de textos: Marta Almeida de Sá
Assistente editorial: Thiago Santos
Preparação de texto: Cláudia Cantarin
Revisão: Viviane Rowe
Diagramação: Estúdio Design do Livro
Capa: Marcela Badolatto
Ilustração da capa: Wagner Willian

Dados Internacionais de Catalogação na Publicação (CIP)
(Câmara Brasileira do Livro, SP, Brasil)

Gouges, Olympe de, 1748-1793

    Avante, mulheres! : Declaração dos Direitos da Mulher e da Cidadã e outros textos / Olympe de Gouges ; tradução e notas de Leandro Cardoso Marques da Silva ; prefácio de Gláucia Fraccaro. – São Paulo : Edipro, 2020.

    Título original: Déclaration des droits de la femme et de la citoyenne.
    ISBN 978-85-521-0127-7 (impresso)
    ISBN 978-85-521-0128-4 (e-pub)

    1. Ciências sociais - Filosofia 2. Direitos das mulheres 3. Discriminação sexual 4. Filosofia 5. Gouges, Olympe de - Ativista política 6. Igualdade 7. Liberdade (Filosofia) 8. Mulheres - Direitos 9. Mulheres - Direitos - Obras antes de 1800 I. Fraccaro, Gláucia. II. Título.

20-32763   CDD-300.1

Índice para catálogo sistemático:
1. Ciências sociais : Filosofia 300.1

Maria Alice Ferreira - Bibliotecária - CRB-8/7964

São Paulo: (11) 3107-4788 • Bauru: (14) 3234-4121
www.edipro.com.br • edipro@edipro.com.br
@editoraedipro   @editoraedipro

O livro é a porta que se abre para a realização do homem.

Jair Lot Vieira

Olympe de Gouges

AVANTE, MULHERES!

Declaração dos Direitos da Mulher e da Cidadã e outros textos

Prefácio
GLÁUCIA FRACCARO
Doutora em História pela Universidade Estadual de Campinas,
foi coordenadora de Autonomia Econômica das Mulheres
da Secretaria de Políticas para as Mulheres da Presidência da República.
Atualmente, leciona na Pontifícia Universidade Católica de Campinas.

Tradução
LEANDRO CARDOSO MARQUES DA SILVA
Bacharel em Filosofia e mestre em Filosofia Francesa Contemporânea
pela Universidade de São Paulo.

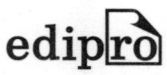

Sumário

Prefácio, *por Gláucia Fraccaro* 9
Sobre esta tradução, *por Leandro Cardoso Marques da Silva* ... 13

EM FAVOR DAS MULHERES
Projeto útil e salutar 21
Os direitos da mulher 31
O bom senso do francês 51

UMA PEÇA CONTRA A ESCRAVIDÃO
Sobre "a espécie dos homens negros" 55
Resposta ao campeão americano ou colono esperto
demais para saber 61

COM ÓDIO DOS JACOBINOS, EM DEFESA DA PÁTRIA
Prognóstico sobre Maximilien de Robespierre por
um animal anfíbio 71
À maneira de testamento 77
Discurso endereçado ao Tribunal Revolucionário 87

Prefácio

Como os direitos das mulheres se tornaram direitos humanos? A pergunta pode parecer deslocada no tempo, mas a verdade é que nem sempre os direitos humanos representaram, também, os direitos das mulheres. Em 1995, Hillary Clinton ganhou notoriedade e alcance mundial ao declarar essa divisa durante a quarta Conferência Mundial das Mulheres das Nações Unidas, na cidade de Pequim. Em parte, o discurso de Clinton foi direcionado às denúncias de violação de direitos humanos na China, mas a repercussão atingiu todo o globo e marcou a trajetória da democrata americana.

Décadas antes, na época da fundação da ONU, em 1945, a brasileira Bertha Lutz e outras ativistas latino-americanas conquistaram a inclusão dos direitos das mulheres como uma categoria internacional de direitos humanos. Nessa ocasião, a articulação política entre ativistas da América Latina resultou na criação da Comissão sobre o Estatuto da Mulher, da Organização das Nações Unidas, que existe até os dias de hoje. Nem tudo havia começado em 1995.

A história do feminismo no século XX considerou a trajetória de mulheres excepcionais uma medida do avanço da emancipação feminina. Entretanto, há mais no feminismo do que a centralidade de perfis incomuns, e é necessário observar como diferentes grupos fizeram da luta feminista um campo político permeado por variados sentidos de direitos. A publicação de *Avante, mulheres!* contribui imensamente para a compreensão das transformações históricas da constituição do feminismo como um movimento político.

Olympe de Gouges, nascida em Montauban, na França, em 1748, foi escritora e dramaturga. Muitas vezes, seus textos são tratados como obras inaugurais do feminismo. Ao lado da escritora inglesa Mary Wollstonecraft, De Gouges figura, até hoje, como autora de textos imortais. Ambas, contemporâneas do tempo das luzes e da fé na razão, questionaram a universalidade dos sujeitos de direitos que emergiram das revoluções do século XVIII. No calor do momento, lembraram que o universalismo de direitos não passava de uma mitificação.

A nação é, conforme definida por De Gouges, uma reunião entre o homem e a mulher; assim como a razão, ambas devem ser compreendidas como instrumentos para a completude de direitos. Olympe de Gouges era uma mulher de seu tempo. Ela ficou conhecida por escrever o panfleto "Os Direitos das Mulheres" em 1791. Nesse manifesto, questionou a formulação sexuada da Declaração dos Direitos do Homem e do Cidadão promulgada pela Assembleia Nacional francesa em 1789. Para ela, esse documento deixava de lado a condição específica das mulheres; em especial, a maternidade. De outra forma, denunciou que não bastaria dar fim ao arbítrio perpetrado pelo Antigo Regime, e por seus reis, de caráter divino; era necessário que se reconhecesse o poder que os homens exerciam sobre as mulheres para dar conta de constituir a liberdade. Em sua visão, a razão era um imperativo; nenhuma lógica natural deveria impedir a divisão igualitária de fortunas entre mulheres e homens, medida que até mesmo o processo revolucionário francês, para De Gouges, deveria assegurar. A ativista abordava, então, uma questão que ainda permanece fundamental: de acordo com a escritora Anne McClintock, dois terços do trabalho do mundo são realizados pelas mulheres, e elas detêm apenas 10% da riqueza e 1% da propriedade da terra. O uso do dom da razão, a novidade do século XVIII, seria, na visão da dramaturga, o meio mais eficaz de promover a igualdade entre mulheres e homens.

A perpetuação da desigualdade entre mulheres e homens torna seu texto ainda atual, já que o emprego da razão não foi capaz de resolver o problema enunciado, também no século XX, por Virginia Woolf: "por que as mulheres são pobres?". A maternidade, o cuidado com as crianças e pessoas mais velhas e a limpeza da casa constituem uma grande massa de trabalho que ainda é realizada quase exclusivamente por mulheres. O primeiro texto que reivindicava igualdade jurídica entre homens e mulheres, assinado por Olympe de Gouges, não deixou de tratar dessa condição.

Por outro lado, ainda é preciso chamar atenção para o valor dos cuidados. Nem sempre as tarefas desempenhadas por mulheres comuns ganham notoriedade e recebem atenção das histórias mais conhecidas e contadas do feminismo. O acúmulo de lutas e textos anteriores, como os de Olympe de Gouges, demonstram que o sufrágio e a bandeira por direito ao voto constituíram apenas uma parte dessa história. O livro

Avante, mulheres! contribui, portanto, para que se reflita sobre os marcos da luta por direitos das mulheres. Apresenta, em língua portuguesa, dez textos escritos por Olympe de Gouges entre 1788 e 1793, quando ela própria denunciou sua prisão e condenação à morte, e em seguida foi executada por jacobinos, em Paris.

Imperecíveis aos olhos do século XXI, pelo fato de ainda haver violência de gênero e tantas desigualdades, os textos de Olympe de Gouges são valiosas pistas para a compreensão da história das mulheres no século XVIII e dos conflitos e disputas aos quais elas estavam submetidas. Eles compõem a história das mulheres como sujeitas de direitos e ajudam a formular a compreensão de que esse movimento compõe um campo político.

Gláucia Fraccaro

Sobre esta tradução

É com imensa satisfação que apresentamos para o público lusófono os textos de Olympe de Gouges, pseudônimo de Marie Gouze. Subestimada durante séculos, assim como foi seu gênero durante toda a História, essa autora é muito mais do que uma versão feminina de um Voltaire ou uma pioneira de temas como feminismo e abolicionismo: Olympe de Gouges é uma intelectual iluminista completa. Perspicaz, erudita, sensata e ousada, essa pensadora abordou temas inexplorados em sua época com uma desenvoltura de pensamento e domínio linguístico dignos dos mais ilustres personagens do panteão francês. Portanto, este livro é muito mais do que uma coleção de textos curiosos pelo seu vanguardismo ou pela peculiaridade do sexo da autora (em um contexto de século XVIII), embora eles sejam, sim, um dos melhores e mais sublimes exemplos da produção intelectual do Século das Luzes e, em sentido lato, da civilização humana.

Por tempo excessivo, as contribuições das mulheres, em todas as áreas, foram relegadas pela História para a obscuridade ou, quando muito, para a condescendência. De certa maneira, o mesmo poderia ser dito de todos os indivíduos humanos não homens e ocidentais. No entanto, como a própria De Gouges lembra, sempre houve um domínio feminino subterrâneo no decorrer dos eventos da História, e pôr à luz esse domínio, por meio do exemplo pontual de uma obra intelectual memorável, é menos do que fazer justiça ao sexo para o qual todos os méritos foram — e infelizmente ainda são — negados. Entretanto, falar sobre o mérito e a injustiça seculares concernentes às mulheres não é o trabalho de uma nota de tradução, que deve apenas se ater aos desafios técnicos que a obra ofereceu ao exercício do tradutor, apesar do êxtase em relação ao conteúdo do presente livro. Assim, com respeito e admiração, os próximos parágrafos se limitam a fornecer uma explanação técnica e descritiva sobre o trabalho que segue.

Este livro é composto de uma seleção de textos que exprimem, de forma paradigmática, o pensamento, o estilo e o pioneirismo de Olympe de Gouges. São excertos que versam sobre os direitos das mulheres e dos negros, sobre a liberdade de expressão e outros motivos que animavam o pensamento de sua autora, todos escritos durante os anos efervescentes da Revolução Francesa. A tradução desta obra foi particularmente trabalhosa, não apenas pelo distanciamento que o francês do século XVIII tem para com o português contemporâneo, mas também pelo domínio ímpar que De Gouges possuía de sua língua materna. Apesar da erudição e propriedade, seus textos foram feitos para circular em meio a um grande público, quase, em sua maioria, como manifestos. Por essa razão, foram concebidos para uma interlocução direta e assertiva. Optamos, então, por oferecer ao público um texto que tentasse exprimir rebuscamento intelectual sem, contudo, perder o caráter comunicativo do original. Foi esse intento que norteou o processo de tradução, que pretende ter produzido uma leitura corrida e, não obstante, rigorosa. Portanto, fomos movidos pela tentativa de nos manter o mais próximo possível do original, recorrendo a aportuguesamentos apenas nos casos sem soluções lexicais diretas, sempre explicitados nas notas de tradução que constam no rodapé do texto.

Cabem, agora, algumas palavras sobre os textos que constituem esta coletânea. Em "Projeto útil e salutar", Olympe de Gouges oferece um texto aberto no qual clama às autoridades competentes (todas masculinas) a criação de um hospital dedicado apenas às mulheres. Fazendo uso de sua inteligência ímpar, ela tenta, por meio da empatia, convencer pessoas que nada teriam a ver com a causa feminina sobre a necessidade dessa instituição particular. "Direitos da Mulher e da Cidadã" é certamente um dos mais icônicos aqui presentes. Em carta aberta destinada à rainha Maria Antonieta, a autora redige os princípios fundamentais aos quais todas as mulheres teriam direito, princípios, tácita ou descuidadamente, esquecidos pela Declaração dos Direitos do Homem e do Cidadão — vale destacar que, apesar de ser um dos mais excelsos frutos da Revolução Francesa, esse documento negligenciou metade da população ao utilizar o termo "homem" no lugar de "ser humano". É claro que a obra de Olympe de Gouges não se limita a corrigir uma questão de gênero gramatical; ao contrário, ela propõe uma série de medidas especificamente destinadas à população feminina que visavam mitigar muito da desigualdade social à qual as mulheres estavam submetidas. "O bom senso do francês" é um panfleto cujo conteúdo segue o sentido do texto antecedente. Os dois excertos subsequentes, "Sobre 'a espécie dos homens negros'" e "Resposta ao campeão americano", são escritos nos quais a autora faz a apologia de sua obra dramatúrgica que aborda a escravidão. Se o absurdo do racismo existe até os dias de hoje, podemos apenas imaginar a repercussão negativa que o tema abolicionista recebeu no século XVIII, necessitando, assim, da defesa resoluta de sua escritora. Os últimos três textos que compõem este livro expressam a opinião de De Gouges sobre alguns eventos que marcaram a Revolução Francesa, sobretudo sua posição em relação aos jacobinos. Em "Prognóstico sobre Maximilien de Robespierre por um animal anfíbio", é apresentada ao público, de forma extremamente ousada, uma brochura na qual Robespierre, um dos principais atores da Revolução Francesa, célebre por ter enviado à guilhotina diversos opositores, é duramente criticado. Em tom de manifesto, esse panfleto incita os cidadãos a ficarem atentos aos excessos e abusos de autoridade que a política jacobina estava desenvolvendo. Os últimos dois textos consistem em discursos públicos nos quais a autora, pressentindo o destino ignominioso que a aguardava, dedica-se a defender sua imagem de republicana e patriota diante de seus concidadãos franceses. Essas três últimas peças constituem documentos de extrema importância para qualquer um que se interesse pela Revolução Francesa, pois neles se encontram ponderações e reflexões únicas de uma intelectual envolvida pelo olho do furacão, contemporaneamente à turbulência dos eventos. Mas a dupla "À maneira de testamento" e "Discurso endereçado ao Tribunal Revolucionário" é particularmente comovente: são discursos públicos de alguém com plena ciência da proximidade de seu momento derradeiro. Nesses textos leem-se as ponderações finais de uma consciência resoluta e inabalável, testemunha e vítima do famoso "período do terror" da Revolução.

Portanto, o leitor tem em mãos uma série de textos excepcionais tanto pelo pioneirismo como pela desenvoltura literária. Este livro constitui material de interesse para estudiosos e curiosos de áreas tão distantes quanto a história do feminismo e a da Revolução Francesa. Reiteramos a honra de ter podido traduzir os textos de uma escritora dessa envergadura que, negligenciada por muito tempo nas páginas da História, agora ressurge para conclamar sua missão emancipatória inacabada.

Leandro Cardoso Marques da Silva

Em favor das mulheres

Projeto útil e salutar

Olympe de Gouges faz um apelo pela criação de um hospital para as mulheres, conforme o modelo dos Inválidos, destinado aos militares.

Escrevi em favor de minha pátria, escrevi em favor do povo infeliz. Nas estações rigorosas e nos tempos de calamidade, o número de trabalhadores que sofrem sem ajuda é enorme. Sem dúvida, é horrível para o gênero humano, que perece por uma miséria demasiadamente cruel, que haja uma quantidade de homens que sempre são úteis ao Estado, mas é ainda mais perigoso socorrê-los com excessiva profusão.

O infeliz sofreu por muito tempo antes que a humanidade beneficente lhe abrisse sua generosidade. Por que não há entre os franceses nada senão indiferença, extremismo desordenado, furor, entusiasmo ou crueldade? Com dificuldade os homens instruídos conseguem se conter, uma vez que estejam com o ânimo exaltado; como o povo, em seu furor, não seria capaz de tudo? Ele degola, incendeia com crueldade, sem comover-se um só momento com sua barbárie. Ele canta, ri, entrega-se nesses instantes de horror aos maiores excessos de depravação. E, nessa embriaguez assassina, esse próprio povo desenfreado encontra um fim cruel.

As observações do Réveillon e do Atirador de Canhão[1] sobre os trabalhadores produziram essa catástrofe terrível. E esse evento funesto prova suficientemente bem como é difícil produzir o bem, e quanto cada cidadão deve temer indicá-lo. O povo em geral é injusto, ingrato e termina se mostrando rebelde.

O povo deve ser socorrido nos tempos de calamidade, mas, caso lhe seja dado demais em outros momentos, estará se expondo à preguiça, privando-o de todos os seus recursos. Essas benfeitorias são, para ele, dons funestos.

Sem dúvida, não há uma única província cujos deputados não proponham estabelecimentos, ou fundos de caixa, cujo produto seria repartido entre os trabalhadores desempregados nas estações rigorosas e nos tempos de escassez.

Não me estenderei nesse assunto; não tenho senão boas intenções, e, sem dúvida, se eu cometer uma falta, terá sido pelos meios. Mas a nação compensará apenas o resto.

Caso se sugira um imposto voluntário, ouso crer que se criará uma poupança nacional, própria para receber os fundos consagrados a quitar as dívidas do Estado. Isso se aproxima um pouco do meu projeto, e é sempre muito satisfatório para o meu coração ter sido a primeira a propor tal ideia, antes do término da época dos Estados Gerais.

---

1. No original: *Salpêtrier du Roi*. Literalmente, salitreiro do rei. A expressão faz referência ao salitre (nitrato de potássio), um dos ingredientes da pólvora utilizada nos canhões e demais armas de fogo. (N. T.)

Não comento nada sobre os outros impostos que propus, de forma semelhante, em minha *Carta ao povo* e nas *Observações patriotas*.[2] Se nessas obras há alguns impostos que possam ser colocados em vigor, a nação não negligenciará sua execução, não importa qual seja o sexo de seu autor.[3]

A verdadeira sabedoria não conhece nem preconceito nem pré-juízo; apenas a verdade lhe interessa e o bem geral a guia; é, portanto, a essa sabedoria que submeto minhas reflexões. Eu a engajo a desviar dos erros que abundam nessas produções e rogo-lhe que se detenha um momento sobre algumas nobres máximas que as decoram e constituem o objetivo da autora. Se ela[4] pudesse esperar que a nação fizesse algumas reflexões úteis sobre essas três produções patrióticas, não pediria nenhuma outra recompensa senão a realização de um projeto fundado sobre a humanidade. Quanto àquele do teatro patriótico que se encontra no último capítulo de *Felicidade primitiva do homem*,[5] cabe à nação decidir se é favorável aos costumes.

---

2. *Lettre au peuple* e *Remarques patriotiques*. Escritos políticos publicados, ambos, em 1788. (N. T.)
3. No original: *auteur*. Dado o teor desta obra, optamos por passar essa palavra de gênero masculino, sem correspondente feminino na língua francesa, para sua versão portuguesa no feminino. É digno de nota que, atualmente, há pessoas na França que utilizam o neologismo *auteure*, na tentativa de reparar certo teor machista que pode ser expresso pela gramática, o mesmo vale para palavras como *professeur* e *écrivain*, por exemplo. (N. T.)
4. No original: *il*. Aqui, pelo mesmo motivo mencionado na nota anterior, optou-se pela tradução no feminino, que em francês deveria corresponder a *elle*. (N. T.)
5. *Le bonheur primitif de l'homme*. Escrito político publicado em 1789. (N. T.)

Todo bom cidadão concorda que, para restituir à França sua boa constituição, é preciso, essencialmente, ocupar-se da restauração dos costumes.

Para isso seria, então, possível encontrar um meio interessante. E qual é o meio mais salutar aos homens do que aquele de seus prazeres? Qual é o teatro em nossos dias que oferece uma escola dos costumes? Em todos encontramos o que pode adular e entreter os vícios. Esses horríveis cavaletes fizeram a perdição do povo. Vemos um trabalhador se privar de pão, abandonar seu trabalho, sua esposa e seus filhos, para correr a Nicolas, Audinot, aos Variétés e Beaujolais, às recreações cômicas e tantas outras mais que obedecem ao povo, depravam os costumes e trazem danos ao Estado.

Certamente, a nação não negligenciará esse ponto; ele é, talvez, o mais essencial, e, se uma boa religião sempre constituiu os fundamentos inabaláveis da salvação dos Estados e dos povos, um teatro moral cujas atrizes sejam irrepreensíveis conviria à sociedade dos homens polidos, despertaria as virtudes, corrigiria os libertinos. E não seriam necessários nem dez anos decorridos para que reconhecêssemos que a boa comédia é, verdadeiramente, a escola do mundo. Houve mais de uma Doligny,[6] e todos sabem que essa atriz foi irrepreensível em suas ações, assim como em sua conduta. Além disso, a senhorita Doligny sempre foi respeitada, e os jovens que a

---

6. Louise-Adélaide Berton-Maisonneuve, mais conhecida como senhorita Doligny (1746-1823), foi uma atriz francesa que se apresentou na Comédie-Française e atuou no papel de Rosina na ilustre peça *O barbeiro de Sevilha*, de Pierre-Augustin Caron de Beaumarchais. (N. T.)

admiravam nos papéis que representava retornavam para casa tendo em boa consideração as mulheres e o casamento, à espera de que, um dia, a sorte os unisse a mulheres tão interessantes quanto essa atriz, tamanha era a imposição de sua presença e do tom de sua decência e nobreza. Seria possível dissimular que, caso as atrizes do teatro patriótico reunissem o talento às virtudes da senhorita Doligny, esse bom exemplo não teria influência sobre todos os outros espetáculos?

No entanto, já me ocupei o suficiente de coisas frívolas, não obstante essa frivolidade tenha se tornado, em nossos dias, a mais essencial das coisas. Se de fato o espetáculo é essencial aos Estados, que ele foi inventado para a recreação e instrução dos homens, sem dúvida o governo e a nação reunida aprovarão meu teatro.

Mas o que me interessa particularmente e que sensibiliza muito todo o meu sexo é uma casa particular, um estabelecimento para sempre memorável que falta na França. As mulheres, pobres delas! Demasiadamente infelizes e fracas, jamais tiveram reais protetores. Condenadas desde o berço a uma ignorância insípida, o bocado de emulação que nos é dado desde nossa infância, os inúmeros males com os quais a natureza nos oprime nos tornam muito infelizes, desafortunadas, a ponto de que não esperássemos que um dia os homens viessem ao nosso socorro.

Esse dia afortunado chegou.

Desde o momento em que o reino entrou em equilíbrio, e a maioria dos espíritos foi glorificada, esse dia tão desejado trouxe calma, e todos os franceses estão menos agitados hoje. É necessário ter esperança de que a nação reunida não seja composta senão por espíritos direitos, por corações sensíveis, bons cidadãos, e de que ela responderá perfeitamente às benesses populares do monarca.

Oh, cidadãos, oh, monarca, oh, minha nação! Que minha fraca voz possa ressoar em vossos corações! Que ela possa fazer-vos reconhecer a parca sorte das mulheres. Poderíeis escutar o relato disso sem derramar lágrimas? Quem dentre vós nunca foi pai, quem dentre vós nunca foi esposo, quem dentre vós não terá jamais visto expirar a sua filha ou esposa em dores ou sofrimentos cruéis?

Quantos inúmeros males as jovens senhoritas não enfrentam por terem chegado à idade matrimonial? Quantos tormentos terríveis as mulheres não experimentam quando se tornam mães? E quantas não são aquelas que perdem a vida nesse processo?

Nenhuma arte pode consolá-las, e com frequência vemos jovens mulheres, após terem sofrido dores agudas noite e dia, expirarem nos braços de suas parteiras e, enquanto morrem, darem à luz homens que, até este momento, nunca se ocuparam seriamente em prestar a menor atenção a esse sexo tão infortunado pelos tormentos que eles mesmos causaram.

Aos homens nada foi negligenciado, nada foi poupado no que concerne, particularmente, aos socorros humanos. Eles fundaram diversos estabelecimentos; os Inválidos para os militares, a Casa de Caridade dos nobres, e a dos pobres recomendada pelos ricos ou pelos grandes.

Essa mesma humanidade deve, nos dias atuais, tornar esses homens generosos e protetores desse sexo que há muito tempo se lamenta, que, em circunstâncias desastrosas, é confundido como o último dos humanos. Esse sexo, afirmo, demasiadamente infeliz e subordinado, inspira-me, clama a mim, engaja-me, impulsiona-me a clamar à nação uma Casa de Caridade particular, onde não se aceitem senão mulheres.

Essa casa deve ser consagrada apenas às esposas do militar sem fortuna, dos indivíduos honestos, dos negociantes, dos artistas. Em uma palavra; a todas as mulheres que viveram em uma comodidade honesta e que um revés da fortuna privou de todo socorro. Não raro, o sofrimento as conduz às portas da morte, ou de doenças que as colocam num estado tal que não podem ser tratadas nas casas. Elas são levadas ao Hôtel-Dieu, e uma mulher de alta condição social se encontra entre mendigos, com jovens de má reputação, ou com populares de toda situação. Apenas o nome do Hôtel-Dieu deve aterrorizá-las, e, no mesmo instante em que sua visão fixa esse triste cenário, elas imploram mais pela morte do que pelo socorro dessa casa.

É necessário um hospital para o povo, e, estabelecendo uma Casa de Caridade para as mulheres honestas, será possível desonerar o Hôtel-Dieu, já por demais sobrecarregado. Qual é o edifício mais favorável à humanidade que podemos erguer senão uma Casa de Caridade para mulheres enfermas de condição elevada?

Vou retraçar uma discussão de um deputado dos Estados Gerais. Sua opinião era que não seria mais necessário erguer fortificações. Perguntaram-lhe o que seria feito das muralhas e dos soberbos edifícios erguidos para acomodar funcionários.

Tombarão por si próprios, respondeu ele. E o que será feito com todas as suas pedras? Hospitais bem simples e mais salutares à humanidade. Palácios para conservar direitos, que não serão menos sagrados porque cada particular será instruído definitivamente sobre o que deve a seu soberano e à conservação de sua pátria.

Reclamo, pois, algumas dessas pedras em favor das mulheres mais importantes da sociedade. Não se trata, em absoluto, de apartamentos suntuosos, de painéis dourados que as mulheres de alta classe esperam da humanidade e da generosidade da nação. Trata-se de uma espécie de hospital, ao qual, sem dúvida, não se dará título repugnante: mas uma casa simples, em que todo o luxo se resumirá à higiene.

Eis aqui o que as mulheres essenciais devem esperar dos homens instruídos e selecionados pela pátria. Quem não levantará sua voz em favor desse estabelecimento? Quem pode opor-se a isso sem, ao mesmo tempo, provar que é um mau irmão, filho ingrato e pai desnaturado? Não, sem dúvida, senhores e cavalheiros, nenhum de vós se oporá a esse projeto e, em voz unânime, aplaudireis o que proponho.

Afastados de vossos lares, de vossas filhas e esposas, poderíeis não reconhecer a natureza e esquecer tudo o que deveis às mulheres? Não; não podeis, senão, interessar-vos por elas. Os grandes assuntos que vos ocupam poderão, talvez, impedir-vos de voltar imediatamente vossa atenção para esse estabelecimento. Mas, uma vez que o Estado esteja desonerado e a Constituição seja solidamente instituída, darei à humanidade que sofre e à natureza tudo o que deveis a ambas.

Após haverdes advogado em causa do meu sexo, permiti-me, senhores, submeter ao pé de vosso tribunal algumas importantes observações que não poderiam desagradar-vos.

Compreendei que sois responsáveis pelo bem-estar da pátria, que todos os cidadãos vos confiaram seus mais caros interesses. Pensai que, desde há muito tempo, a França se encontra em um estado moribundo, o qual deveis prontamente cuidar. As ferramentas para tanto estão em vossos corações, mas desconfiai, senhores, das mentes demasiadamente exaltadas, enérgicas, se podemos supor que há algumas delas entre vós. Para conservar vossos direitos, não rebaixai, em absoluto, a autoridade real. Que cada dia de vossas reuniões seja um trabalho augusto. Que estabeleçais leis para impor um silêncio útil, e que possais, por meio de uma harmonia constante, impressionar a maioria dos franceses e consigais, finalmente, pôr em acordo o saber, a instrução e o gênio com a sabedoria de nossos pais. Desse modo, nos séculos que estão por vir, vossa Assembleia será mencionada, entre todos os povos, como uma maravilha da nação francesa.

Abril de 1789

OS DIREITOS DA MULHER

Em um folheto endereçado à rainha Maria Antonieta, Olympe de Gouges reúne uma exortação aos homens, A Declaração dos Direitos da Mulher e da Cidadã em dezessete artigos e proposições concernentes a uma nova forma de contrato entre o homem e a mulher.

À rainha

Madame,
Pouco afeita à linguagem que se deve aos reis, não empregarei a adulação das cortesãs para fazer-vos homenagem com esta singular produção. Meu objetivo, Madame, é falar-vos francamente. Não esperei, para expressar-me, pela época da liberdade. Expus-me com a mesma energia em um tempo no qual a cegueira dos déspotas puniria uma audácia tão nobre.

Enquanto todo o Império vos acusava e vos tornava responsável por suas calamidades, eu somente, em um tempo de agitação e tempestade, tive força para tomar vossa defesa. Jamais pude persuadir-me de que uma princesa, educada no seio das grandezas, tivesse todos os vícios da baixeza.

Sim, Madame, assim que vi a espada[1] erguida sobre vós, precipitei meus comentários entre essa espada e sua vítima. Hoje noto, porém, que é possível observar de perto a turba subornada de amotinados, e que ela é mantida pelo temor das leis, eu vos diria, Madame, o que não teria dito então.

Se o estrangeiro oprime a França, não sois mais, a meus olhos, essa rainha falsamente acusada, essa rainha interessante, mas uma inimiga implacável dos franceses. Ah! Madame, imaginai que sois mãe e esposa; empregai todo vosso crédito para o retorno dos príncipes. Esse crédito, tão sabiamente aplicado, fortalece a coroa do pai, a conserva ao filho, e vos reconcilia com o amor dos franceses. Essa digna negociação é o verdadeiro dever de uma rainha. A intriga, a conspiração, os projetos sanguinários apenas apressariam vossa queda, se pudéssemos supor que seríeis capaz de semelhantes desígnios.

Que uma ação mais nobre, Madame, vos caracterize, excite vossa ambição e fixe vossa visão. Cabe apenas àqueles cuja sorte elevou a um lugar eminente alavancar o estabelecimento dos direitos da mulher e acelerá-los ao sucesso. Se fôsseis menos instruída, Madame, eu temeria que vossos interesses particulares não conduzissem àqueles de vosso próprio sexo. Amai a glória: considerai, Madame, que os maiores crimes se imortalizam

---

1. No original: *glaive*. Literalmente, significa gládio, a antiga espada utilizada pelas legiões romanas, mas também pode se referir a um tipo de lança ou, conforme preferimos, espada de forma mais genérica. (N. T.)

assim como as maiores virtudes. Mas quanta diferença de celebridade entre os esplendores da história! Uma é incessantemente tomada como exemplo, enquanto a outra[2] se constitui, eternamente, na execração do gênero humano.

Jamais vos será tomado como crime trabalhar pela restauração dos costumes, para dar ao vosso sexo toda a consistência a que está suscetível. Esta obra não é o trabalho de um dia, infelizmente para o novo regime. Esta revolução apenas se operará quando todas as mulheres forem conscientizadas sobre seu deplorável destino, e sobre os direitos que perderam na sociedade. Apoiai, Madame, uma causa muitíssimo bela. Defendei esse sexo infeliz, e tão logo tereis a vosso favor metade do reino, e pelo menos um terço da outra parte.

Eis, Madame, eis os feitos pelos quais deveis sinalizar e empregar vosso crédito. Crede em mim, Madame, nossa vida é demasiado pouca coisa, sobretudo para uma rainha, quando essa vida não é melhorada pelo amor dos povos nem pelos charmes eternos das benfeitorias.

Se é verdade que os franceses armam contra sua pátria com todas as suas forças; por quê? Por prerrogativas frívolas, por quimeras. Crede, Madame, se o julgo pelo que sinto, o partido monárquico destruirá a si próprio, abandonará todos os tiranos, e todos os corações se juntarão em torno da pátria para defendê-la.

Eis aqui, Madame, eis quais são os meus princípios. Falando-vos de minha pátria, perco de vista a finalidade desta

---

2. Ou seja, a celebridade advinda das virtudes e aquela dos crimes, respectivamente. (N. T.)

dedicatória. É assim que todo bom cidadão sacrifica sua glória, seus interesses, quando ele tem por objetivos apenas aqueles de seu país.

Sou, com o mais profundo respeito, Madame, vossa muito humilde e obediente serva.

Os direitos da mulher

Homem, és capaz de ser justo? Quem te faz esta pergunta é uma mulher. Não lhe privará, ao menos, esse direito. Diga-me; quem te concedeu o soberano império para oprimir o meu sexo? Tua força? Teus talentos? Observa o criador em sua sabedoria. Percorre a natureza em toda a sua grandiosidade, da qual aparentas querer aproximar-te, e dai-me, se ousas, o exemplo desse império tirânico.[3]

Remonta aos animais, consulta os elementos, estuda os vegetais, dá, enfim, uma olhada sobre todas as modificações da matéria organizada, e entrega-te à evidência quando te ofereço os meios. Procura, revista e distingue, caso o possas, os sexos na administração da natureza. Por toda parte os encontrarás confundidos, por toda parte cooperam com uma união harmoniosa para essa obra-prima imortal.

Somente o homem se configurou como um princípio dessa exceção. Bizarro, cego, inflado de ciências, neste século de luzes e sagacidade, na mais imunda ignorância, ele quer comandar, na figura de um déspota, sobre um sexo que

---

3. De Paris ao Peru, do Japão a Roma, o animal mais estúpido — em minha opinião — é o homem. (N. A.)

recebeu todas as faculdades intelectuais; ele pretender fruir da revolução e reclamar seus direitos à igualdade, para nada mais dizer.

DECLARAÇÃO DOS DIREITOS DA MULHER E DA CIDADÃ
A ser promulgada na Assembleia Nacional, em suas últimas sessões ou naquela da próxima legislatura.

Preâmbulo
As mães, as filhas, as irmãs, representantes da nação, exigem constituir a Assembleia Nacional. Considerando que a ignorância, o esquecimento ou o desprezo pelos direitos da mulher são as únicas causas dos infortúnios públicos e da corrupção dos governos, [elas] decidiram expor em uma declaração solene os direitos naturais, inalienáveis e sagrados da mulher, com a finalidade de que essa declaração, frequentemente presente entre todos os membros do corpo social, lembre-os constantemente de seus deveres e direitos, a fim de que os atos de poder das mulheres e dos homens, podendo ser a todo instante comparados com a finalidade de toda instituição política, sejam mais respeitados, para que as reclamações das cidadãs, doravante fundadas em princípios simples e incontestáveis, voltem-se sempre à manutenção da Constituição, dos bons costumes, e à felicidade de todos.

Consequentemente, o sexo superior em beleza e em coragem para com os sofrimentos maternais reconhece e declara, na presença e sob os auspícios do Ser Supremo, os seguintes Direitos da Mulher e da Cidadã.

Artigo primeiro
A mulher nasce livre e permanece igual ao homem em direitos. As diferenças sociais não podem ser fundadas senão sobre a utilidade comum.

II
A finalidade de toda associação política é a conservação dos direitos naturais e imprescindíveis da mulher e do homem. Tais direitos são: a liberdade, a propriedade, a segurança e, sobretudo, a resistência contra a opressão.

III
O princípio de toda soberania reside essencialmente na nação, que é tão somente a reunião da mulher e do homem; nenhum corpo, nenhum indivíduo pode exercer autoridade que não emane expressamente dessa união.

IV
A liberdade e a justiça consistem em restituir tudo o que pertence a outrem; assim, o exercício dos direitos naturais da mulher só é limitado pela tirania perpétua que o homem lhe opõe. Esses limites devem ser transformados pelas leis da natureza e da razão.

V
As leis da natureza e da razão protegem contra todas as ações danosas à sociedade. Tudo o que não é interditado por essas leis, sábias e divinas, não pode ser impedido, e ninguém pode ser forçado a fazer o que não é ordenado por essas leis.

VI

A lei deve ser a expressão da vontade geral. Todas as cidadãs e todos os cidadãos devem participar pessoalmente, ou por intermédio de seus representantes, de sua formação. Ela deve ser a mesma para todos: todas as cidadãs e todos os cidadãos, sendo iguais a seus olhos, devem ser igualmente admissíveis a todas as dignidades, lugares e empregos públicos, segundo suas capacidades e sem outras distinções senão a de suas virtudes e talentos.

VII

Nenhuma mulher deve ser vista como exceção. Elas podem ser acusadas, presas e detidas nos casos determinados pela lei. As mulheres obedecem do mesmo modo que os homens a esta lei rigorosa.

VIII

A lei só deve estabelecer penas estrita e evidentemente necessárias, e ninguém pode ser punido a não ser em virtude de uma lei estabelecida e promulgada anteriormente ao delito, e legalmente aplicada às mulheres.

IX

Para toda mulher declarada culpada, todo o rigor será exercido pela lei.

X

Ninguém deve ser molestado por conta de suas opiniões fundamentais. A mulher tem o direito de subir no cadafalso; deve ter, igualmente, o de subir na tribuna, desde que suas manifestações não perturbem a ordem pública.

XI

A livre comunicação de pensamentos e opiniões é um dos direitos mais preciosos da mulher, pois essa liberdade assegura a legitimidade dos pais em relação aos filhos. Portanto, toda cidadã pode dizer livremente *Sou a mãe de um filho que te pertence*, sem que um pré-juízo bárbaro a force a dissimular a verdade; salvo para responder pelo abuso dessa liberdade nos casos determinados pela lei.

XII

A garantia dos direitos da mulher e da cidadã necessita de uma utilidade maior; essa garantia deve ser instituída em benefício de todos, e não pela utilidade particular daquelas a quem ela é confiada.

XIII

Para a manutenção da força pública e para as despesas da administração, as contribuições da mulher e do homem são iguais: ela tem sua parte em todas as corveias,[4] em todas as tarefas penosas. Ela deve, pois, possuir parte igual na distribuição das posições, dos empregos, dos encargos, das dignidades e da indústria.

---

4. No original, *corvée*. Era uma espécie de imposto da época do feudalismo francês constituído pela prestação de trabalhos e tarefas para o senhor feudal. (N. T.)

XIV

As cidadãs e os cidadãos têm o direito de constatar por conta própria, ou mediante seus representantes, a necessidade da contribuição pública. As cidadãs só podem aderir a essa contribuição pela admissão de uma distribuição igualitária, não apenas na fortuna, mas ainda na administração pública, e de determinar a cota, a base de tributação, a cobrança e a duração do imposto.

XV

A massa das mulheres, coalizada à dos homens pela contribuição, tem o direito de pedir contas a todo agente público sobre sua administração.

XVI

Toda sociedade na qual a garantia dos direitos não esteja assegurada, nem a separação dos poderes esteja determinada, não tem Constituição. A Constituição não tem validade se a maioria dos indivíduos que compõem a nação não tiver cooperado com sua redação.

XVII

As propriedades estão, para todos os sexos, reunidas ou separadas; constituem para ambos um direito inviolável e sagrado. Nenhum dos sexos pode ser privado de propriedades como um patrimônio da natureza, excetuando-se o caso em que a necessidade pública, constatada segundo a lei, obviamente o exija, e sob a condição de uma indenização justa.

Postâmbulo

Mulher, desperta; o sino de alarme da razão se faz ouvir por todo o universo; reconhece teus direitos. O poderoso império da natureza não se acerca mais de preconceitos, de fanatismo, de superstição e falsidades. O archote da verdade dissipou todas as nuvens da insensatez e da usurpação. O homem escravo multiplicou as próprias forças e precisou recorrer às suas para romper os próprios grilhões. Uma vez livre, ele se tornou injusto com sua companheira. Ó mulheres! Mulheres, quando deixareis de ser cegas? Quais são as vantagens que recebestes na Revolução? Um desprezo mais evidente, um desdém mais assinalado. Nos séculos de corrupção reinastes apenas sobre a fraqueza dos homens. Vosso império foi destruído; o quê, então, vos resta? A convicção das injustiças do homem. A reivindicação de vosso patrimônio, fundado sobre os sábios decretos da natureza; o que teríeis a temer por tão belo empreendimento? A boa palavra do legislador das *Noces de Cana*?[5] Temeis que nossos legisladores franceses — revisores dessa moral, há muito tempo pendurados nos galhos da política, mas que estão ultrapassados — não vos repitam: mulheres, o que há de comum entre vós e nós? Tudo, teríeis a responder. Caso, em sua fraqueza, eles se obstinem a pôr essa inconsequência em contradição com seus princípios, oponham corajosamente a força da razão às vãs pretensões

---

5. Do italiano: *As bodas de Caná*. Tela renascentista pintada por Paolo Veronese (1528-1588) que retrata o episódio bíblico em que Jesus transformou água em vinho durante uma festa de casamento em Caná. (N. T.)

de superioridade. Reúnam-se sob os estandartes da filosofia. Desenvolvei toda a energia de vosso caráter e logo vereis esses orgulhosos como nossos servis adoradores rastejando a vossos pés, mas contentes de dividir convosco os tesouros do Ser Supremo. Quaisquer que sejam as barreiras opostas contra vós, está em vosso poder libertar-se, basta querer. Passemos, agora, ao terrível quadro daquilo que fostes na sociedade e — já que está em questão neste momento uma educação nacional — vejamos se nossos sábios legisladores pensarão sensatamente sobre a educação das mulheres.

As mulheres fizeram mais mal do que bem, a coerção e a dissimulação foram sua partilha. Aquilo de que a força as privou, o ardil lhes forneceu. Elas recorreram a todos os recursos de seu charme, e o mais irrepreensível não resistia a elas. O veneno, o ferro, tudo estava a elas submetido; elas comandavam o crime, bem como a virtude. O governo francês, sobretudo, dependeu durante séculos da administração noturna das mulheres. O gabinete não possuía nenhum segredo para sua indiscrição; embaixada, comando, ministério, presidência, pontificado,[6] cardinalado, enfim, tudo o que caracteriza a estupidez dos homens, profano e sagrado, tudo estava submetido à ganância e à ambição desse sexo outrora desprezível e respeitado, e, depois da Revolução, respeitável e desprezado.

Nesta espécie de antítese, quantas observações tenho a oferecer! Tenho apenas um momento para fazê-las, mas este

---

6. M. de Bernis, à maneira da Madame de Pompadour. (N. A.)

momento prenderá a atenção da posteridade mais longínqua. No Antigo Regime, tudo era vicioso, tudo era condenável. Mas não podíamos perceber o melhoramento das coisas no seio mesmo dos vícios? Uma mulher tinha a necessidade apenas de ser bela ou amável; quando possuía essas duas vantagens, ela via cem fortunas aos seus pés. Se não se aproveitava disso, tinha uma personalidade bizarra ou uma filosofia incomum que a conduzia ao desprezo em relação às riquezas. Então, ela era considerada apenas uma cabeça ruim; a mulher mais indecente se fazia respeitar com ouro. O comércio das mulheres era uma espécie de indústria recebida na primeira classe que, doravante, não terá mais crédito. Se ainda o tivesse, a Revolução estaria perdida e, sob novas relações, estaríamos para sempre corrompidos. Entretanto, poderia a razão dissimular que qualquer outro caminho à fortuna está fechado para a mulher que o homem compra, tal qual o escravo nas costas africanas? A diferença é grande, sabemos. A escrava comanda o mestre; mas, se o mestre lhe dá a liberdade sem recompensa, e em uma idade em que a escrava perdeu todo seu charme, no que essa desafortunada se transforma? No joguete do desprezo. As portas da própria caridade lhe são fechadas. Ela é pobre e velha, dizem: por que não soube fazer fortuna? Outros exemplos ainda mais tocantes se oferecem à razão. Uma pessoa jovem sem experiência, seduzida por um homem que ama, abandonará seus pais para segui-lo. O ingrato a deixará depois de alguns anos, e, mais terá ela envelhecido junto dele, mais sua inconstância será desumana. Se ela tiver filhos, ele a abandonará da mesma forma. Se for rico, irá crer-se dispensado de dividir sua fortuna com suas nobres vítimas. Se algum compromisso o ligar a seus deveres, ele violará seu poder esperando todas as leis. Se for casado, qualquer outro compromisso perderá seus direitos. Quais leis restam por serem feitas para extirpar o vício desde a raiz? A lei da divisão das fortunas entre homens e mulheres, e da administração pública. Concebemos facilmente que a mulher nascida em uma família rica ganha muito com a igualdade das divisões. Mas e aquela que nasceu em uma família desvalida, com mérito e virtudes, qual é o seu lote? A pobreza e o opróbrio. Caso não se sobressaia, precisamente, na música ou na pintura, ela não pode ser admitida em nenhuma função pública, quando teria toda a capacidade para tal. Não quero dar, senão, um panorama das coisas. Aprofundá-las-ei na nova edição de todas as minhas obras políticas que me proponho oferecer ao público em alguns dias, com notas.

Retomo meu texto sobre os costumes. O casamento é o túmulo da confiança e do amor. A mulher casada pode, impunemente, dar bastardos ao seu marido, e a estes a fortuna que não lhes pertence. Aquela que não o é tem apenas um direito enfraquecido: as leis antigas e desumanas lhe recusavam o direito sobre o nome e os bens de seu pai para seus filhos, e não foram feitas novas leis sobre essa matéria. Se tentar conferir ao meu sexo uma consistência honorável e justa é considerado neste momento um paradoxo de minha parte, e algo como tentar o impossível, então deixo aos homens do porvir a glória de tratar dessa matéria. Mas, esperando por ela, podemos prepará-la por meio da educação nacional, da restauração dos costumes e das convenções conjugais.

FORMA DO CONTRATO SOCIAL DO HOMEM E DA MULHER
Nós, N e N, movidos por nossa própria vontade, nos unimos pelo termo de nossa vida, e pela duração de nossas predisposições mútuas, às seguintes condições: nós entendemos e queremos pôr nossos bens em comunhão e, não obstante, nos reservamos o direito de separá-los em favor de nossos filhos e daqueles a quem possamos ter numa inclinação particular, reconhecendo mutuamente que nossos bens pertencem diretamente a nossos filhos, de qualquer leito que tenham saído, e que todos, sem distinção, tenham o direito de carregar o nome dos pais e das mães que os admitiram, e comprometemo-nos a assinar a lei que pune a abnegação do próprio sangue. Obrigamo-nos também, em caso de separação, a realizar a partilha de nossa fortuna e reservar a porção destinada aos nossos filhos indicada pela lei. E, em caso de união perfeita, aquele que venha a morrer renunciaria à metade de suas propriedades em favor dos filhos. E, na ausência de filhos, o cônjuge sobrevivente herdaria de direito, a menos que o falecido houvesse disposto metade do bem comum em favor de quem tenha julgado a propósito.

Eis, aproximadamente, a fórmula do ato conjugal cuja execução proponho. À leitura deste bizarro escrito, vejo se erguerem contra mim os hipócritas, os pudicos, o clero e toda a sequela infernal. Mas quanto este escrito oferecerá de meios morais aos sábios, para chegarem à perfectibilidade de um governo feliz! Em poucas palavras darei a prova física disso. O rico epicurista sem filhos acha muito bom ir até seu vizinho pobre para aumentar sua família. Assim que houver uma lei que autorize a esposa do pobre a permitir que o rico adote seus filhos, os laços da sociedade ficarão mais estreitos, e os costumes, mais refinados. Talvez essa lei conserve o bem da comunidade e consiga conter a desordem que conduz tantas vítimas aos hospícios do opróbrio, da baixeza e da degeneração dos princípios humanos em que, desde há muito, geme a natureza. Que os detratores da sã filosofia cessem, pois, de exclamar contra os costumes primitivos ou que se percam nas fontes de suas citações.[7]

Eu gostaria, ainda, de uma lei que beneficiasse as viúvas e as jovens solteiras ludibriadas pelas falsas promessas de um homem com quem se tenham juntado. Eu gostaria, afirmo-o, que essa lei forçasse um inconstante a cumprir com seus compromissos ou a pagar uma indenização proporcional à sua fortuna. Gostaria, também, que essa lei fosse rigorosa com as mulheres, ao menos com aquelas que tivessem a audácia de recorrer a uma lei que elas próprias tivessem violado com sua conduta, caso isso pudesse ser provado. Gostaria, ao mesmo tempo, conforme expus em *A felicidade primitiva do homem*, em 1788, que as moças públicas fossem colocadas em distritos designados. Não são as mulheres públicas as que mais contribuem para a depravação dos costumes, são as mulheres da sociedade. Restaurando as últimas, será possível modificar as

---

7. Abraão teve filhos bem legítimos de Agar, serva de sua esposa. (N. A.)

primeiras. Essa corrente de união fraternal oferecerá de início a desordem, porém produzirá, ao fim, um conjunto perfeito.

Ofereço um meio invencível para elevar a alma das mulheres; trate-se de juntá-las a todos os exercícios do homem. Sim, o homem se obstina em considerar esse meio impraticável, a ponto de dividir sua fortuna com a esposa, não por seu capricho, e sim por conta da sabedoria das leis. O preconceito cai, os costumes se purificam, e a natureza devolve a todos os seus direitos. Acrescentemos a isso o casamento dos padres, o rei fortalecido em seu trono, e o governo francês jamais saberia perecer.

Seria deveras necessário que eu dissesse algumas palavras sobre os problemas causados, dizem, pelo decreto em favor dos homens de cor em nossas ilhas.[8] É nesses lugares que a natureza estremece de horror, é aqui onde a razão e a humanidade ainda não tocaram as almas enrijecidas, é aqui, sobretudo, o ponto no qual a divisão e a discórdia agitam seus habitantes. Não é difícil supor quem são os instigadores dessas fermentações incendiárias; há alguns deles no seio da própria Assembleia Nacional. Eles inflamam na Europa o fogo que deve incendiar a América. Os colonos pretendem reinar como déspotas sobre homens dos quais são pais e irmãos e, desconhecendo os direitos da natureza, perseguem sua fonte até o menor tom do sangue deles. Esses colonos desumanos dizem:

---

8. Como se sabe, a França utilizou abundantemente mão de obra escravizada em suas colônias nas ilhas caribenhas. É digno de nota o caso do Haiti, que, no final do século XVIII, presenciou uma rebelião dos escravizados que culminou na Revolução Haitiana e na subsequente independência desse país. (N. T.)

nosso sangue circula em suas veias, mas o derramaremos completamente, caso seja necessário, para saciar nossa ganância ou nossa ambição cega. É nesses locais mais próximos da natureza que o pai não reconhece o filho; surdo aos gritos do sangue, ele abafa todos os seus encantos. O que se pode esperar da resistência que se lhe oponha? A coerção pela violência é torná-la terrível, deixá-la ainda sob grilhões, trata-se de encaminhar todas as calamidades rumo à América. Uma mão divina parece espalhar por toda parte o apanágio do homem; *a liberdade*. Apenas a lei tem o direito de reprimir essa liberdade, caso ela degenere em licenciosidade. Entretanto, ela deve ser igual para todos, é ela, sobretudo, que deve conter a Assembleia Nacional em seu decreto, ditado pela prudência e pela justiça. Possa essa lei atuar da mesma forma no Estado da França e tornar-se assim atenta aos novos abusos, como ela foi para os antigos que, a cada dia, nos parecem mais horrendos. Minha opinião seria, ainda, de fazer a manutenção do poder executivo com o legislativo, pois me parece que um é tudo ao passo que o outro nada é; daí nascerá talvez, infelizmente, a queda do império francês. Considero esses dois poderes como o homem e a mulher,[9] que devem estar unidos, mas iguais em força e virtude, para fazer uma boa arrumação.

É, pois, verdadeiro que nenhum indivíduo pode escapar a seu destino; experimentei isso hoje. Eu havia resolutamente

---

9. Em *A ceia mágica*, de M. de Merville, Ninon pergunta qual é a amante de Luís XVI. Respondem-lhe: "É a nação, essa amante corromperá o governo caso tome muito o império". (N. A.)

decidido não me permitir a menor palavra que causasse risos nesta produção, mas o destino decidiu de forma diferente. Eis o fato.

A economia jamais é defendida, sobretudo neste tempo de miséria. Eu vivo no campo. Esta manhã, às oito horas, parti de Auteuil e encaminhei-me para a estrada que conduz de Paris a Versalhes, onde frequentemente encontramos essas famosas tabernas que acolhem os transeuntes a baixos preços. Sem dúvida, uma estrela ruim me perseguia desde a manhã. Aproximo-me da cancela, onde não encontro sequer o triste abeto aristocrata. Repousei sobre os degraus daquele edifício insolente que escondia seus funcionários. Soam nove horas e continuo meu caminho; uma carruagem aparece em minha visão, tomo lugar nela e chego às nove e quinze, com dois relógios diferentes, ao Pont-Royal. Lá tomo o abeto e corro até meu editor, na rua Christine, pois só posso chegar lá muito cedo: ao corrigir meus manuscritos, sempre me sobra alguma coisa a fazer, caso as páginas não estejam bem comprimidas e preenchidas. Fico ali por cerca de vinte minutos e, cansada de andar, da composição e da impressão, proponho-me tomar um banho no bairro do Templo, onde iria jantar. Chego exatamente às quinze para as onze no banho. Portanto, eu devia ao cocheiro uma hora e meia, mas, para não ter de discutir com ele, ofereço-lhe 48 solos. Ele exige mais, como de costume, e faz barulho. Obstino-me a não querer dar a ele senão a quantidade devida, pois o ser equitativo prefere ser generoso a ser ludibriado. Eu o ameaço com a lei, ele diz que não dá a mínima e que terei de lhe pagar por duas horas. Nós fomos até um guarda[10] — que tenho a generosidade de não nomear, não obstante a ação autoritária que ele teve para comigo mereça uma denúncia formal. Certamente ele ignorava que aquela que reclamava por sua justiça era a mulher autora de tantos escritos sobre benevolência e equidade. Sem levar em consideração minhas razões, ele me obriga implacavelmente a pagar aquilo que o cocheiro exigia. Conhecendo a lei melhor do que ele, disse-lhe: *Senhor, recuso-me a isto, e vos peço para prestar atenção ao fato de que estais excedendo os poderes de vosso cargo.* Então aquele homem ou, para melhor dizer, aquele fanático ficou melindrado e ameaçou levar-me à força; que ou eu pagaria imediatamente, ou então passaria o dia todo detida em seu escritório. Mandei que me conduzisse ao Tribunal do Ministério, ou à Câmara Municipal, para prestar queixa de seu abuso de autoridade. O grave magistrado, num redingote empoeirado e repulsivo tal qual seu discurso, disse-me, satisfeito — *Certamente este caso chegará até a Assembleia Nacional, não é?* Ao que respondi — *Bem que poderia.* E fui embora em parte furiosa, em parte rindo do julgamento desse moderno Bride-Oison,[11] dizendo comigo: *Esta é, pois, a espécie de homem que deve julgar um povo esclarecido!* Não vemos senão isso. Aventuras semelhantes ocorrem indistintamente aos bons como também aos maus patriotas. Não há senão um grito contra as desordens das seções e dos tribunais. A justiça não

---

10. No original: *commissaire de paix*. Literalmente, comissário de paz. (N. T.)
11. Personagem da comédia *O casamento de Fígaro*, de Beaumarchais. (N. T.)

aparece, a lei é desconhecida e o policiamento é feito Deus sabe como. Não podemos mais reencontrar os cocheiros a quem confiemos os efeitos; eles mudam os números segundo sua imaginação, e muitas pessoas, assim como eu, tiveram perdas consideráveis nas carruagens. Sob o Antigo Regime, qualquer que tenha sido seu banditismo, encontrávamos o rastro de suas perdas ao fazer um apelo nominal aos cocheiros, e pela inspeção exata dos números. Enfim, estávamos em segurança. O que fazem esses juízes de paz? O que fazem esses comissários e inspetores do novo regime? Nada além de tolices e monopólios. A Assembleia Nacional deve fixar toda a sua atenção nessa parte que abraça a ordem social.

14 de setembro de 1791

O BOM SENSO DO FRANCÊS

Neste panfleto, Olympe de Gouges conclama seus compatriotas a reconhecer o mérito da igualdade entre os dois sexos e a exigir um decreto que ponha em execução essa igualdade.

Desejais anular o orgulho ou preferis alimentá-lo?

Desejais acostumar os homens a respeitar a justiça natural ou a violá-la?

Desejais estabelecer o amor e a concórdia dentro das famílias ou fazer nelas reinarem o temor e a desconfiança?

Desejais fazer florescer os bons costumes ou preferis fomentar a corrupção?

Em uma palavra, desejais criar o bem ou propagar o mal, fomentar a felicidade ou ver persistir a infelicidade da atual geração?

Se é o bem que desejais, então apressai-vos. Antes que fôsseis nossos representantes, a nação invocava uma lei. Ela a articulou, mas era preciso regulá-la com base na Constituição, e, segundo seu plano, o primeiro contrato, o mais importante dentre aqueles que unem a raça humana.

Um único decreto explicativo é suficiente para derrubar, ao mesmo tempo, a ganância, o egoísmo, a arrogância, e para enraizar a igualdade, a liberdade, a doce segurança, a equidade em nossos abrigos.

Estais sendo enganados, ó legisladores! Estão suspendendo em vossas mentes aquilo que não pode ser diferenciado sem crime. Pois a justiça e a humanidade são violadas diariamente. Não escuteis as objeções da Igreja e da jurisprudência. O povo está deixando para trás seus preconceitos. Ele tem por tocha-guia a Constituição e a filosofia. Este povo vos pede um decreto, um único decreto que reduza a cinzas os vestígios vergonhosos de nossos antigos costumes e que interrompa os legistas, impedindo-os de contrapor a barbárie das velhas leis à simplicidade majestosa do ato constitucional. Um decreto que torne compreensível o fato de que a igualdade está para os esposos e as esposas, assim como para todos os indivíduos franceses em relação uns aos outros. Um decreto que assegure, a cada um, sua propriedade e permita que se separem sob a inspeção dos tribunais de família, encarregados de julgar segundo as luzes da razão, unicamente da razão, e de velar pelos interesses das crianças e os arranjos da fortuna.

Apressai-vos em tornar respeitável nos tribunais aquilo que o povo já respeita. Pronunciai, finalmente, o anátema contra todo feudalismo, contra toda usurpação de propriedade, contra toda espécie de servidão. Então, e muito em breve, levantar-se-á do seio da liberdade e da igualdade uma raça de homens justa, honrada e por toda parte invencível.

17 de fevereiro de 1792

Uma peça contra a escravidão

SOBRE "A ESPÉCIE DOS HOMENS NEGROS"

Olympe de Gouges lembra quais foram as circunstâncias nas quais ela se interessou pela sorte dos negros e justifica o interesse em tratar de tal assunto no teatro.

A espécie dos homens negros sempre chamou minha atenção por conta de sua deplorável sorte. Meus conhecimentos mal começavam a se desenvolver e foi em uma idade em que as crianças nem pensam que o aspecto de uma mulher negra — que eu vira pela primeira vez — me poria a refletir e a fazer questões sobre sua cor.

 Aqueles a quem interroguei na ocasião não puderam satisfazer minha curiosidade e meu pensamento. Consideravam essas pessoas como brutos, como seres amaldiçoados pelo Céu. Mas, conforme fui crescendo, percebi claramente que foram a força e o preconceito que condenaram aquela gente à terrível escravidão. Escravidão sem paralelo na natureza e constituída inteiramente pelo injusto e poderoso interesse dos brancos.

Atingida há muito tempo por essa verdade e pela situação horrorosa a qual os negros estavam submetidos, tratei de sua história no primeiro tema dramático que saiu de minha imaginação. Muitos homens se ocuparam dessa criação, tentaram amansá-la, mas nenhum cogitou apresentá-la em cena com a roupagem e a cor com as quais eu havia tentado, não fosse a oposição oferecida pela Comédie-Française.

Mirza conservou sua linguagem natural, e nada poderia ser mais brando. Parece-me que ele era um acréscimo ao interesse desse drama, e era essa também a opinião de todos os entendidos, exceto dos atores. Não vamos nos ocupar mais de minha peça, da forma como foi recebida. Eu a apresento ao público.

Retornemos à terrível sorte dos negros. Quando nos ocuparemos de transformá-la ou, ao menos, de amenizá-la? Não conheço nada sobre a política dos governos. Mas eles são justos, e jamais a lei natural se fez sentir mais presente do que hoje. Os governos têm um olhar favorável sobre todas as primeiras injustiças. O homem é igual por toda parte. Os reis justos não querem escravos; eles sabem que têm súditos fiéis, e a França não abandonará infelizes que sofrem mil e um padecimentos, desde que o interesse e a ambição se concentrem em habitar as ilhas mais longínquas. Os europeus, ávidos por sangue e pelo metal que a ganância nomeou ouro, alteraram a natureza nesses climas felizes. O pai deixou de reconhecer seu filho, o filho sacrificou seu pai, os irmãos guerrearam entre si, e os derrotados foram vendidos como bois no mercado. O que foi que eu disse? Isso se tornou um comércio nos quatro cantos do mundo!

Um comércio de homens!... Senhor! E a natureza não estremece! Se eles são animais, então também nós, da mesma forma, não o somos? No que os brancos diferem dessa espécie? Na cor?... Por que a loira pálida não quer ter preferência em relação à morena, que o tem em detrimento da mulata? Essa tentação é tão surpreendente como a do negro em relação ao mulato. A cor do homem recebe nuances, assim como a de todos os animais que a natureza produziu, da mesma forma como ocorre com as plantas e os minerais. Por que o dia não entra em confronto com a noite, o sol, com a lua, e as estrelas, com o firmamento? Tudo é variado, e é justamente isso que constitui a beleza da natureza. Por que, então, destruir sua obra?

Não é o homem a mais bela obra-prima da natureza? O otomano faz com os brancos o mesmo que fazemos com os negros. Entretanto, não o tomamos como bárbaros e inumanos, e exercemos a mesma crueldade contra homens cuja única resistência é a submissão.

Mas, uma vez que essa submissão se exaure, o que produz o despotismo bárbaro dos habitantes das Ilhas e das Índias? Revoltas de toda espécie, carnificinas que o poder das tropas não faz senão aumentar, envenenamentos, e tudo aquilo que o homem é capaz de fazer quando está revoltado. Não é atroz para os europeus — que, por meio do trabalho deles, adquiriram habitações consideráveis — espancar, do amanhecer ao anoitecer, esses desafortunados que não cultivariam menos os campos férteis caso pudessem usufruir de mais liberdade e brandura?

A sorte deles já não é suficientemente cruel, seus trabalhos, demasiado penosos, sem que ainda impinjamos contra eles, pelo menor dos erros, as mais horríveis punições? Falamos em mudar a situação deles, em propor medidas para torná-la mais branda, sem temer que essa espécie de homens faça mau uso de uma liberdade completa e subordinada.

Nada entendo de política. Pressagiamos que uma liberdade geral tornaria os homens negros tão essenciais quanto os brancos; que, após terem se tornado mestres do próprio destino, eles também o seriam de sua vontade; que eles possam criar seus filhos juntos de si. Eles serão mais rigorosos no trabalho, e mais zelosos. O partidarismo não os atormentará mais, o direito de rebelar-se contra outros homens os tornará mais sábios e humanos. Não haverá mais conspirações funestas a serem temidas. Eles serão os agricultores livres de sua terra, como o são os trabalhadores da Europa. Certamente não deixarão seus campos para rumar para nações estrangeiras.

A liberdade dos negros criará alguns desertores, mas muito menos do que os habitantes dos campos franceses. Os jovens aldeões mal obtêm idade, força e coragem e já se encaminham para a capital, onde vão ocupar o nobre posto de lacaios ou de vendedores ambulantes.[1] Há cem servidores para uma vaga, ao passo que nos campos faltam agricultores.

Essa liberdade cria um número infindo de ociosos, de infelizes, enfim de gentalha de toda espécie. Que se estabeleça um limite sábio e salutar para cada população, essa é a arte dos soberanos e dos Estados republicanos.

---

1. No original: *crocheteur*. Uma espécie de vendedor de tecidos de crochê. (N. T.)

Meus conhecimentos naturais poderiam fazer-me encontrar um meio seguro, mas me preservaria ao não apresentá-lo. Seria necessário que eu fosse mais instruída e esclarecida no que se refere às políticas governamentais. Já o disse, nada sei sobre esse assunto, e é por acaso que submeto minhas observações boas ou ruins. A sorte desses desafortunados deve me interessar mais que a ninguém, pois são passados cinco anos desde que concebi um tema dramático baseado em sua deplorável história.

Tenho apenas um conselho para dar aos membros da Comédie-Française, trata-se do único afazer que lhes peço em toda a minha vida: adotem as cores e as vestimentas dos negros. Nunca uma ocasião foi tão favorável, e espero que a apresentação desse drama produza o efeito que devemos esperar dele, em favor dessas vítimas da ambição.

O traje dos negros aumentará o interesse por essa peça. Comoverá a pena e o coração de nossos melhores escritores. Meu objetivo será preenchido, minha ambição, satisfeita, e pela cor a comédia se elevará no lugar de diminuir.

Certamente, minha felicidade será muito grande se eu vir a representação de minha peça da maneira como desejo. Esse modesto esboço exigirá um quadro tocante para a posteridade. Os pintores que tiverem a ambição de utilizar seus pincéis nesse quadro poderão ser considerados os fundadores da humanidade mais sábia e útil, e desde já estou certa de que sua opinião apoiará a fraqueza desse drama, em favor do seu tema.

Executai, pois, minha peça, minhas senhoras e meus senhores, ela já esperou sua vez por muito tempo. Ei-la impressa, vós o desejastes, mas todas as nações junto a mim vos pedem a representação, persuadidas de que não serei desmentida. Essa sensibilidade que se assemelharia ao amor-próprio em qualquer outro mais do que em mim não é senão o efeito que produzem em meu coração todos os clamores públicos em favor dos homens negros. Todo leitor que verdadeiramente me apreciou será convencido dessa verdade.

Enfim, passo estes últimos pareceres, custam-me caro, e creio podê-los dar a esse preço. Adeus, minhas senhoras e meus senhores; apoiados em minhas observações, executai minha peça como julgar pertinente, não me tornarei repetitiva. Cedo a meu filho todos os meus direitos; que deles possa fazer bom uso, e cuidar para não se tornar autor da Comédie-Française. Se ele acreditar em mim, jamais rabiscará nenhum papel de literatura.

Fevereiro de 1788

Resposta ao Campeão Americano ou Colono Esperto Demais para Saber

Em uma carta aberta endereçada a um colono fictício que se opõe à apresentação de sua peça, Olympe de Gouges defende o tema abordado e refuta a ideia de ter conclamado os escravos à violência.

Desde que não lutamos mais na França, caro senhor, convenhamos que vez ou outra cometemos assassinatos. Também convenhamos que é imprudente provocar assassinos, mas é ainda mais indiscreto, mais indecente e mais injusto atacar pessoas honestas, atacá-las da maneira mais inepta e, entretanto, a mais caluniosa, como ao imputar falta de coragem ao M. de La Fayette,[1] que talvez temais do fundo do coração.

---

1. Gilbert du Motier, marquês de La Fayette (1757-1834), foi um militar francês que desempenhou papéis importantes nas revoluções Americana e Francesa. (N. T.)

Digo-vos que realmente não conheço esse herói magnânimo como o insinuam. Sei apenas que a reputação dele está intacta, seu valor é conhecido, seu coração é, assim como o de Bayard, destemido, sem censuras. A esse senhor talvez devamos a felicidade da França e o poder da nação. Não vou me empenhar em defender os homens célebres a quem provocais; são todos militares franceses e esse título já é suficiente para que eu os creia bravos.

Mas, se eu vos imitar, senhor, por essa espécie de desafio, deixarei um pouco de lado meu objetivo e cairei no erro grosseiro que cometestes ao meu respeito. Não é a causa dos filósofos, dos amigos dos negros, que defendo; é a minha própria, e queirais permitir que eu me sirva das únicas armas que estão em meu poder. Iremos, pois, guerrear, e esse combate singular, graças à minha *argúcia*,[2] não será mortal. Concedei-me, entretanto, virtudes e coragem que estão acima de meu sexo. Sem muito orgulho, poderíeis convir com isso. Mas não me concedais menos gratuitamente a ambição de consultar, a respeito da linguagem e de minhas fracas produções, os acadêmicos, os sábios beletristas, e todo o sagrado vale que protege mais do que um tolo, e ao qual faço muito pouco-caso, com exceção dos escritores que honraram os talentos pela honra e probidade. O mérito literário vale muito pouco quando destituído dessas duas vantagens. Mas passemos àquilo que me é importante de ensinar-vos, e que ignorais com perfeição.

---

2. No original, *jeanlorgnerie*. (N. T.)

Afirmais, senhor, que os amigos dos negros se serviram de uma mulher para provocar os colonos. Certamente é extraordinário que um homem que brande algum espírito, com facilidade e até mesmo bravura, acuse uma mulher de ser a portadora de um cartel e queira, por meios não somente singulares como covardes, provar sua coragem. Assim, só posso apreciar vosso valor na figura de um pequeno Dom Quixote e considerar-vos um matador de gigantes e de fantasmas inexistentes. Desejo, entretanto, reconduzindo-vos à razão, rir convosco dos males para os quais não vejo remédio. Tendes que lutar contra a sociedade dos amigos dos negros, e eu, eu a confundi com um bem muito mais terrível, aquele de... O tempo que tudo destrói, que, segundo sua vontade, muda as artes, os costumes e a justiça dos homens, jamais mudará o espírito do corpo daqueles de quem tenho tanto do que reclamar.

Há alguns meses, vimos tombar na França o véu do equívoco, do embuste, da injustiça, e, finalmente, os muros da Bastilha. Mas ainda não vimos cair o despotismo que ataco. Vejo-me, pois, limitada a tentar derrubá-lo. Trata-se de uma árvore no meio de um labirinto espesso, com arbustos repletos de espinhos; para podar seus ramos, seria necessária toda a mágica de Medeia. A conquista do velocino de ouro custou a Jasão muito menos cuidado e habilidade do que vai me custar em tormentos e armadilhas o trabalho de evitar esses ramos envenenados que fazem mal à árvore célebre e ao gênio do homem. Para destruí-los, é necessário subjugar vinte dragões perigosos que, ora transformados em cidadãos zelosos, ora em serpentes flexíveis, deslizam por toda parte e semeiam seu veneno sobre minhas obras e minha pessoa.

Mas, de minha parte, não devo, senhor, supor com ainda mais razão que vos colocastes "respeitavelmente" diante dessa facção crescente que se insurgiu contra *A escravidão dos negros*? O que imputais a essa obra? O que imputais à sua autora? Incitar a degola dos colonos na América e estimular homens que vós conheceis mais do que eu e que, talvez, nem sequer estimem todas as minhas produções desde que eu demonstrei que o abuso da liberdade produzira males em demasia? Conheceis-me muito pouco. Eu era a apóstola de uma doce liberdade durante o próprio período do despotismo. Mas, como verdadeira francesa, idolatro minha pátria. Sacrifiquei tudo por ela. Estimo meu rei no mesmo grau e daria meu sangue para render-lhe tudo aquilo que suas virtudes e sua ternura paternal merecem. Não sacrificaria meu rei pela minha pátria, nem minha pátria pelo meu rei, mas me sacrificaria para salvar ambos, plenamente persuadida de que um não existe sem o outro. Diz-se que conhecemos o homem por seus escritos. Lede-me, senhor, desde minha *Carta ao povo* até minha *Carta à nação*, e nelas vós reconhecereis, ouso me gabar, um coração e uma mente verdadeiramente franceses. Os partidos extremos sempre recearam e detestaram minhas produções. Esses dois partidos, divididos por interesses opostos, sempre foram expostos em meus escritos. Minhas máximas invariáveis, meus sentimentos incorruptíveis; eis aqui meus princípios. Monarquista e verdadeiramente patriota, na vida e na morte, exponho-me tal como sou.

Já que tenho coragem para assinar este escrito, mostrai-me a mesma coragem, e obtereis a minha estima, que, provavelmente, não deve ser indiferente para um homem galante; pois eu a concedo tão raramente quanto o fazia Jean-Jacques.[3] Posso me equiparar a esse grande homem no que concerne à desconfiança que ele demonstrou em relação aos homens; encontrei poucos verdadeiramente justos e estimáveis. Não é por pequenas faltas que os acuso, e sim pelos vícios, pela falsidade e pelas desumanidades exercidas, sem remorsos, contra os mais fracos. Possa essa revolução regenerar o espírito e a consciência dos homens e restabelecer o verdadeiro caráter francês! Peço-vos a licença de mais duas palavras.

Certamente não sou tão instruída como julgais de bom grado. Talvez algum dia minha ignorância venha conferir alguma celebridade à minha memória. Nada sei, senhor. Digo-vos; nada, nada me foi ensinado. Criada pela simples natureza, entregue apenas aos cuidados desta, ela me tornou, pois, bem esclarecida, já que me considerais perfeitamente instruída. Sem conhecer a história da América, esse odioso tráfico de negros sempre despertou meu ânimo, comoveu minha indignação. As primeiras ideias dramáticas que registrei sobre o papel foram em favor dessa espécie de homens cruelmente tiranizada há tantos séculos. Talvez essa pobre produção tenha estreado cedo demais na carreira dramática. Até mesmo nossos grandes homens não começaram tão

---

3. Jean-Jacques Rousseau (1712-1778). Como é amplamente conhecido, o filósofo genebrino desenvolveu, paulatinamente, uma personalidade antissocial, em razão das polêmicas e controvérsias geradas por sua obra. O autor de *O contrato social* foi tão perseguido que, nos últimos anos de vida, tornou-se um recluso desconfiado; ele acreditava que vários homens faziam parte de um determinado "complô" contra sua pessoa. Esse isolamento, no entanto, inspirou sua última obra autobiográfica, a bela e comovente *Os devaneios do caminhante solitário* (São Paulo: Edipro, 2017). (N. T.)

bem quanto terminaram, e um ensaio merece sempre alguma indulgência. Posso, pois, atestar-vos, senhor, que os amigos dos negros não existiam quando concebi esse tema. Além disso, caso o preconceito não vos tivesse cegado, devíeis mais facilmente supor que, talvez, tenha sido com base em minha peça que essa sociedade se formou, ou que eu tive o feliz mérito de encontrar--me com ela. Possa essa produção compor uma sociedade mais geral e conduzi-la com mais frequência à sua representação! Eu não quis, de modo algum, atrair a opinião pública para o meu patriotismo; esperei pacientemente seu feliz retorno em favor desse drama. Qual não foi a minha satisfação quando ouvi dizer por toda parte que as alterações que eu havia feito conferiram grande interesse a essa peça e que isso só poderá aumentar quando o público souber que, quatro meses atrás, dediquei essa obra à nação e consagrei os rendimentos dela advindos ao Fundo Patriota, estabelecimento cujo projeto apresentei em minha *Carta ao povo*, publicada há dezoito meses! Esse primado me autoriza, talvez, sem vaidades, a considerar-me sua autora. O folheto em questão gerou muito alvoroço na época, cheguei mesmo a ser criticada, e o projeto que ele oferecia não foi realizado com menos sucesso. Eu deveria instruir-vos e ao público sobre esses fatos que caracterizam o amor que tenho pelo verdadeiro caráter francês, e os esforços que faço por sua conservação.

    Não tenho dúvidas de que a Comédie, comovida por tais atos de zelo, cogita criar dias favoráveis[4] à apresentação desse drama

---

4. Todo mundo sabe que, quando os atores não se interessam tanto por um autor, eles só lhe cedem os piores dias para a representação de sua

pelo qual, não posso dissimular, ela se interessa infinitamente. Disso me foram dadas provas que não posso questionar. A autora, a comédia e o público contribuirão juntos, ao mesmo tempo que multiplicam seus prazeres, para o aumento dos recursos do Fundo Patriota, que pode, sozinho, salvar o Estado, se todos os cidadãos se conscientizarem dessa verdade.

Devo observar ainda que, nessas apresentações patriotas, muitas pessoas não raro pagam abaixo de suas posições. Se esta produz a mesma disposição de coração, será necessário distinguir os lucros do Fundo Patriótico dos direitos da Comédia. Uma lista precisa, destinada à nação pelos atores, dará prova da ordem e do zelo desses novos cidadãos.

Espero, senhor, e ouso presumir que, com base nos esclarecimentos que ofereço sobre *A escravidão dos negros*, não ireis mais persegui-la, e que, ao contrário, vos torneis o zeloso protetor desse drama. Sendo essa peça representada na própria América, ela sempre levará os homens negros ao seu dever, enquanto esperam dos colonos e da nação francesa a abolição do tráfico e um destino mais feliz. São essas as disposições que expus nessa obra. De maneira alguma pretendi, apoiada nas circunstâncias, acender uma chama de discórdia, ou um sinal de insurreição. Ao contrário, amansei os efeitos disso. Se duvidardes dessa afirmação, peço que leiais *O naufrágio feliz*, publicado há três anos. Caso eu faça alguma alusão a homens caros à França, essas alusões não serão

---

obra, ou seja, as terças, quintas e sextas-feiras. Além disso, na maioria das vezes, apenas as apresentam com as peças desgastadas e pouco suscetíveis de atrair competitividade e afluência. (N. A.)

danosas para a América. É disso que sereis convencido durante a apresentação dessa peça, se quiserdes dar-me a honra de assistir a ela. É com essa doce esperança que rogo que creiais em mim, senhor, apesar de nossa pequena discussão literária, seguindo o protocolo estabelecido, vossa muito humilde serva.

18 de janeiro de 1790

Com ódio dos jacobinos, em defesa da pátria

Prognóstico sobre Maximilien de Robespierre por um animal anfíbio

Neste folheto assinado "Polyme", Olympe de Gouges alerta Robespierre sobre os rumores que atribuem a ele a intenção de assassinar o rei e encarcerar os girondinos.

Sou um animal sem paralelos; não sou nem homem nem mulher. Tenho toda a coragem de um e, às vezes, as fraquezas do outro. Tenho o amor de meu próximo e ódio apenas em relação a mim. Sou honrado, simples, leal e sensível.

Em meus discursos, podem ser encontradas todas as virtudes da igualdade; em minha fisionomia, os traços da liberdade; e em meu nome, algo de celestial.

Segundo esse retrato, que não é acabado tampouco lisonjeiro, pode-se crer em minhas palavras. Escuta, Robespierre, é contigo que vou falar, ouve teu veredicto e sofre a verdade.

Tu te autoproclamas o único autor da Revolução; não o foste, não o és, dela não serás mais do que o opróbrio e a execração, para sempre. Não vou me cansar para dar detalhes de tua pessoa; caracterizar-te-ei em poucas palavras. Tua respiração intoxica o ar puro que atualmente respiramos, tua pálpebra vacilante exprime toda a torpeza de tua alma, e cada fio de teu cabelo possui um crime.

Tu nos fala sobre tuas virtudes, e, no momento em que tua boca ímpia ousou pronunciar essa palavra sagrada, o autor de todas as virtudes não trovejou! Mas, malgrado o horrendo ateísmo de teu coração, há de conhecer esse autor quando sua mão invisível lançar o raio na cabeça do culpado.

Robespierre, quando o Senado francês te convocou para responder sobre todas as acusações que se acumulam contra ti, por que, responde, oscilas?

A inocência não vacila jamais quando tem a oportunidade de abater a calúnia e a impostura; ao contrário, busca todos os subterfúgios. Há oito dias tu preparas teu discurso para responder hoje. Eu teria te apressado, mas quis ver os esforços de teus novos progressos; eles são débeis. O povo francês, tendo se tornado republicano, jamais se tornará um povo de assassinos. Tu desejavas que tua resposta fosse uma insurreição sanguinolenta. Mesmo que Paris pareça agitada, o que poderás dizer na tribuna por tua defesa? Crê em mim, Robespierre, foge do grande dia, ele não foi feito para ti. Imita Marat, teu digno colega, entra junto dele em seu covil infame. O céu e os homens concordam com a aniquilação de ambos. Que queres tu? O que pretendes? Contra quem queres te vingar? Contra quem queres guerrear e do sangue de quem ainda estás sedento? É do sangue do povo? Ele ainda não foi derramado.

Sabes que as leis republicanas são ainda mais severas do que as leis dos tiranos — a quem tanto queres igualar em autoridade — quanto ao que cobram.

Quem quer que seja que ouse infringir essas leis recebe a morte como punição. E, conhecendo a energia desse governo, tu gostarias de agitar o povo para derrubá-lo em seu nascimento; tu gostarias de contaminar a nação por uma reunião de crimes até aqui desconhecidos; tu gostarias de assassinar o último Luís, para impedi-lo de ser legalmente julgado; tu gostarias de assassinar Pétion, Roland, Vergniaud, Condorcet, Louvet, Brisson, Lasource, Guadet, Gensonné, Hérault de Séchelles, em uma palavra, todas as tochas da República e do patriotismo! Tu gostarias de abrir caminho sobre pilhas de mortos e subir pelos degraus do morticínio e do assassinato ao mesmo nível supremo! Conspirador vil e grosseiro! Teu cetro será a flor-de-lis do sofrimento constrangedor, teu trono, o cadafalso, e teu suplício será o dos grandes culpados. Corrige-te, caso ainda haja tempo.

Por meu nome, me calo, tal é meu desígnio. No entanto, ensinar-te-ia de armas na mão.

Atiro-te a luva do civismo, tu ousas recolhê-la?[1]

Marca neste cartaz a hora e o local do combate, comparecerei!

E tu, povo de Paris, por quem principalmente tomei a pluma, fixa teu olhar sobre este cartaz, ditado às pressas por um coração sem reprovações e por uma alma republicana.

---

1. Conforme o costume, atirar uma luva no rosto de alguém significava desafiá-lo a um duelo. (N. T.)

A República francesa deve a ti sua libertação; defende tua obra e cuida para não ceder um momento sequer a instigações criminosas. Esses homens perversos cuja máscara acabo de despedaçar preparam novos grilhões para ti se fraquejares.

Isso feito de tua liberdade, retornas ao jugo dos déspotas, e todos os ministérios da República francesa romperão as alianças que mantêm contigo. Paris não oferecerá mais do que a estada árida dos canibais. Virão de todas as partes para atirar em seus habitantes, como a feras bestiais.

A capital, a rainha das cidades, oferecerá aos viajantes apenas ruínas e pirâmides de cinzas! Se tuas mãos se banham em sangue inocente, se puderes ignorar todas as entidades da soberania nacional e das leis, se, enfim, não fores digno das virtudes republicanas, Marat, Robespierre [sic], conduzir-te-ão de morte em morte, mas tu perecerás junto desses infames agitadores. Nossos exércitos triunfantes virão destruir um povo de assassinos. Sem mais repouso, sem mais esperança, povo infeliz, caso contaminares a República! Dir-te-ei mais, para te elevar a esse patamar dos grandes povos, aquele que te governou de pai para filho mereceu a morte. Porém, após a condenação dele, talvez tenhas orgulho em conceder-lhe uma graça. Os ingleses fizeram seu rei subir no cadafalso, mas eles não eram republicanos. Aprende, pois, que apenas esse título já é suficiente para conceder virtudes jamais experimentadas pelos escravos. A escravidão te apontou o caminho para a liberdade, a liberdade te conduzirá para aquele de todas as virtudes republicanas. Compreende, contudo, ainda, que, para bem exercer essas virtudes, é necessário submeter-se a leis terríveis. Se temes a austeridade delas, liberta teu antigo tirano, ou então monta um trono para Robespierre.

Povo republicano, tu vais me conhecer melhor, condeno esses excessos de um patriotismo desorientado. Devemos todos velar pela segurança pública, mas nenhum de nós deve permitir-se chegar às vias de fato, o que tomaria o furor da vingança mais do que o amor pela pátria. Robespierre e Marat certamente estão cobertos pelo opróbrio geral, entretanto as cabeças deles são sagradas, e, se são verdadeiramente culpados, cabe apenas às leis dispor delas. A própria Convenção Nacional deve abafar todo ressentimento e dar o exemplo de imparcialidade republicana. Quer dizer, punir todos aqueles que provocassem os assassinatos desses agitadores insensatos, os quais, para saciar sua vingança, talvez queiram apenas acender as tochas da guerra civil e fortalecer seu partido, espalhando contra os patriotas que são eles mesmos os assassinos.

Ó meus concidadãos! Adiemos esse flagelo! Pronuncio: escolhei; a caixa de Pandora está aberta.

5 de novembro de 1792

À MANEIRA DE TESTAMENTO

Em um folheto endereçado à Convenção, Olympe de Gouges se preocupa com o destino que seus inimigos possam lhe reservar e justifica as posições que adotou desde o início da Revolução.

Ó divina providência! Tu que sempre dirigiste minhas ações, invoco apenas a ti; os homens já não podem mais ouvir-me. Dispõe de meus dias, acelera seu término. Meus olhos fatigados do doloroso espetáculo de tuas dissensões, de tuas tramas criminosas, não podem mais aguentar esse horror. Se devo perecer sob o ferro dos contrarrevolucionários de todos os partidos, inspira-me em meus últimos momentos, e dá-me coragem e força para confundir os malévolos e para servir ainda uma vez, caso o possa, meu país, em minha hora derradeira!

Tu, que a distância preparas as revoluções e atinge os tiranos! Tu, cuja visão perscrutadora penetra até as consciências mais tenebrosas; o crime chegou ao seu auge, desvenda esse longo mistério de iniquidade, atinge, a hora é esta. Ou se, então, para que chegues até o dia de tuas terríveis vinganças, seja-te necessário o sangue puro e sem mácula de algumas vítimas inocentes, acrescenta a essa longa procissão o sangue de uma mulher. Tu sabes se eu busquei uma morte gloriosa! Contente de ter sido a primeira a servir a causa do povo, de ter sacrificado minha fortuna ao triunfo da liberdade, de ter finalmente dado na figura de meu filho um verdadeiro defensor de minha pátria, com tudo isso eu não buscava senão uma retirada discreta, a cabana do filósofo, digna e doce recompensa de suas virtudes! Vendo meus escritos, meus impotentes esforços para chamar a atenção dos homens para a mais doce das morais, essa tocante fraternidade que era a única que poderia salvar a pátria, eu chorava em silêncio por um filho que derramara seu sangue por essa pátria, em suas fronteiras, e que, por um de seus milagres, me foi concedido, por ti, providência, que diriges as bênçãos. Arrancado de cima dos cadáveres e dos cavalos do inimigo, esse filho, que acreditava estar no Exército francês, sacrificado em prol de seu ardoroso civismo, foi levado entre os moribundos a um hospital, em uma palavra, apagado da lista dos vivos, despojado pelo inimigo de sua equipe; ele viajou a Paris para lá procurar por sua mãe e pedir um novo emprego. Eu havia fugido da capital, intentava apenas viver anonimamente na província onde me fixei. Tomo conhecimento de que o céu me devolveu meu filho, que ele estava em Paris, e um destino, que eu tentara em vão impedir, me traz de volta aos muros da capital, onde certamente me espera um fim digno de minha perseverança e meus longos labores.

 Sou informada de que meu filho mais uma vez deixara Paris, e de que é aos membros que compõem *a montanha* da

Convenção Nacional que ele deve um novo grau de confiança merecido por seu gênio militar, mas que o poderiam recusar em razão de sua juventude. Sei que, como ele se passa por moderado e pende muito para o lado dos príncipes da Gironda, não fizeram recair sobre o filho o distanciamento mantido em relação à mãe. Eu devia à integridade deles esse ato de justiça, digo mais, devia todo o meu reconhecimento. Eis aqui como irei manifestá-lo.

Nem meu filho, nem a fortuna do mundo todo, o universo a meus pés, os punhais de todos os assassinos erguidos sobre minha cabeça, nada poderia apagar esse amor cívico que queima em minha alma, nada poderia me fazer trair minha consciência. Homens desorientados por paixões delirantes, que fizestes, quantos males incalculáveis não acumulastes sobre Paris, sobre a França inteira? Arriscastes tudo pelo todo, como se diz. Vós vos gabastes de que, para salvar a coisa pública, não seria preciso mais do que uma grande proscrição, de que os ministérios, invadidos de terror, adotariam cegamente essas horríveis medidas. Caso não estiverdes enganados, se trinta e duas vítimas podem apaziguar os ódios e as paixões, se podem fazer com que as potências estrangeiras declarem a República independente, e destruir o exército de contrarrevolucionários, então apressai em derramar o sangue dessas vítimas sobre o cadafalso; ofereço-vos mais uma vítima. Procurais o primeiro culpado? Sou eu; atacai. Fui eu que, em minha defesa informal de Louis Capet,[1] preguei, como

---

1. Nome dessacralizado dado a Luís XVI. (N. T.)

verdadeira republicana, a clemência dos vencedores por um tirano destronado. Fui eu que dei a ideia de apelo ao povo. Fui eu, enfim, que quis, nessa grande medida, quebrar todos os cetros, regenerar os povos e interromper os rios de sangue que corriam desde aquela época por essa causa. Eis meu crime, franceses, é tempo de expiá-lo no meio dos carrascos.

Mas, se, por um derradeiro esforço, eu puder salvar a coisa pública, então quero que, ao me imolarem, meus sacerdotes[2] invejem a minha sorte. E se os franceses, um dia, forem designados para a posteridade, talvez minha memória seja igual à dos romanos. Previ tudo, sei que minha morte é inevitável. Contudo é glorioso, é belo para uma alma bem--nascida, quando uma morte ignominiosa ameaça todos os bons cidadãos, morrer pela pátria expirante! Não acuso diretamente ninguém. Mas, enfim, o que fareis, no que vos tornareis, homens de sangue, se os ministérios se levantarem contra Paris, e se pegarem em armas pela defesa dos déspotas sagrados que confiardes na pessoa de seus mandatários? Exasperai o povo que, em sua cegueira, vai imolá-los e satisfazer vossa vingança. Porém, ireis escapar, após esse crime, do povo saído de sua confusão, da mudança da opinião pública sobre a qual aquecestes vossas esperanças criminosas? Não. Creio ver esse povo, tal como o pintamos, supremo no julgamento final, terrível em sua justiça, cobrar-vos o sangue que o fizestes derramar e o perigo iminente ao qual o

---

2. No original, *sacrificateurs*. Ou seja, aqueles que realizam os rituais de sacrifício. (N. T.)

conduzistes. Ah! Se ainda há tempo, homens desorientados (pois só posso me dirigir àqueles que perderam a cabeça), colocai um freio em vossos ódios e vinganças! Para essas almas abjetas, vendidas às potências estrangeiras, e que, com tocha e arma em punho, pregando o republicanismo, nos conduzem evidentemente à escravidão mais horrível, seu suplício, um dia, igualar-se-á a seus crimes. Afirmo que cabe a vós, cidadãos desorientados, abrir os olhos para a ruína que se aproxima de vossa pátria, colocar um fim a essas torrentes destruidoras que transbordam de todas as partes na direção desta cidade. E vós, representantes da nação que, para salvar a coisa pública de Paris, não salvaram, na mesma medida, a da França inteira, sacrificastes trinta e dois de vossos dignos colegas aos ódios pessoais que logo vos exigirão atos de acusação sem poder citar um único fato contra os acusados. Sabeis o que vos resta a fazer, caso, persuadidos da inocência deles, um crime mais iníquo possa forçar-vos a tornar esses decretos horrendos contra vossa consciência, excedei, se é possível, os romanos em coragem e virtude? Relembrai essas vítimas em vosso seio e apresentai vossas cabeças ao povo. Revestidos pela soberania nacional, quais golpes poderão chegar até vós? E se, por um desses crimes desconhecidos ao mundo, os furiosos chegarem a passar pelos corpos agonizantes dos bons cidadãos que se armarão para vossa defesa, ao menos morreis dignos de nossos justos lamentos e da admiração da posteridade.

E vós, vítimas do mais hediondo dos crimes, dignos da primeira liberdade de Roma após o exílio dos Tarquínios, quem poderá rememorar vossa firmeza, vossa submissão às leis, sem colocar-vos ao lado dos Brutus, dos Catãos, etc.?[3]

Vejo a posteridade se deter nestas páginas da história, em que vossos nomes constarão inscritos, e derramar lágrimas de admiração quando souber que, conduzidos por esse heroísmo republicano no meio do terror e das ameaças, correstes de bom grado até a tribuna para oferecer vossas cabeças ao povo, e sacrificastes uma vida sem mácula à coisa pública.

Quanto me sinto igualmente conduzida por esse mesmo heroísmo que depura a coragem e faz os assassinos empalidecerem! Sim, tudo me indica que é na mesma morte que vos espera que encontrarei a recompensa por minhas virtudes cívicas. Quanto me orgulho de tomar vossa defesa e, assim como vós, morrer enquanto verdadeira republicana!

Vós que a França reclama, sobre quem a maioria dos cidadãos de Paris lamenta, e nenhum deles ousa defender, recebei esta prova de minha coragem e da estima que dedico a todos os homens a quem creio virtuosos.

Mas, como antes de minha morte estou suficientemente satisfeita a ponto de me fazer conhecer aos meus concidadãos, em poucas palavras lhes darei a conta exata de minha conduta e minha fortuna. Que os conspiradores que dilapidam tão descaradamente os tesouros da República deem,

---

3. Alusões à história da luta contra a tirania na Roma Antiga. Os Tarquínios foram a última dinastia a reinar sobre a cidade que, após sua expulsão, se tornou uma República. Quanto aos outros dois personagens, foram célebres opositores de Júlio César e, portanto, na alusão da autora, inimigos da tirania. (N. T.)

assim como eu, um quadro exato de seus ativos e passivos. E, então, o povo verá claramente, e saberá distinguir os amigos dos inimigos.

Em 1788, eu ainda possuía 50 mil libras, depositadas em uma casa conhecida, e um mobiliário de cerca de 30 mil libras. Restam-me agora, no total, algo em torno de 15 mil ou no máximo 16 mil libras. Podem ser encontrados com Momet, o tabelião, meu contrato de reembolso e a conta exata de 40 mil libras que dispensei em nome da causa popular. Minhas doações no grande inverno, meus escritos que propagaram a caridade que se operara então, meus projetos de oficinas públicas para os trabalhadores, meus impostos voluntários, minhas doações patrióticas, meu nome estrangeiro para livros de pensão, para listas civis, minha retidão, minha abnegação, enfim, as provas mais exatas entre os tabeliões nos registros e nos papéis públicos desde 1788, tudo isso informará a meus concidadãos que, se não procurei nem a glória nem recompensas, minha conduta foi tão clara quanto luminosa. Em vão os causadores de intrigas me acusarão de conspirar junto daqueles que chamam de *girondinos*. Eles sabem muito bem que não tenho nenhuma relação pública ou particular com ninguém, conquanto isso não esteja em conformidade com os bons princípios. Essa é a verdade. E se o Deus das consciências, tal como o imagino, é o único Deus que os homens devem adorar, então, um dia hei de ver a verdade triunfar sobre a impostura. Ou, se estou privada desse prazer, meus concidadãos, depois de mim, me farão justiça. Jamais entenderei por que os homens que alguém quis envolver numa horrenda proscrição fossem cúmplices de tiranos coroados; eles, que seriam os primeiros a perecer sobre o cadafalso desses tiranos, suportaram nossos esforços republicanos. Entretanto, possuem talento, virtude e caráter; eis aí seus crimes! Que me provem outros crimes e serei a primeira a processá-los. Desgraça! Com dificuldade posso conceber o que vejo depois do que escutei. Sim, ouvi semelhante homem, como esse odioso Dumouriez, combater meu republicanismo, dizer-me ser impossível que ele se sustentasse na França, que um rei, um protetor — em uma palavra —, um mestre era indispensável à turbulência francesa. E vejo esses mesmos homens implacáveis acusarem de facciosos os sábios da República!

Como é possível pregar com veemência aquilo em que não se acredita? Como podem, com tamanha audácia, enganar o povo e colocar na conta de terceiros os resultados de seus próprios crimes? Se esses homens dominam, é o fim da liberdade e da igualdade. A tirania avança a passos de gigante por conta de nossas divergências. Cidadãos! Podeis mandar-me à morte, mas, apesar de vós próprios, lembrareis de minhas predições e virtudes cívicas. É chegado o tempo de listar os meus legados, que, porventura, não serão indiferentes à sociedade, e graças a eles me permitirei um pouco dessa alegria que sempre coloquei em tudo o que me concerne.

Lego meu coração à pátria, minha probidade, aos homens (eles necessitam). Lego minha alma às mulheres, não as deixo um presente qualquer. Meu gênio criador, aos autores dramáticos, ele não lhes será inútil, sobretudo minha lógica teatral, ao famoso Chesnier. Minha abnegação, aos ambiciosos, minha filosofia, aos perseguidos, minha mente, aos fanáticos, minha religião, aos ateus, minha honesta alegria, às mulheres que começam a envelhecer, e todos os parcos resíduos que me restam de uma fortuna honesta, ao meu herdeiro natural, meu filho, se ele sobreviver a mim.

Quanto às minhas peças de teatro, em manuscrito, existem algumas centenas, eu as deixo à Comédie-Française. Caso, após minha morte, ela acredite, por sua arte mágica e sublime, que minhas produções são dignas de figurarem em seu teatro, é o suficiente para provar que faço justiça a seu talento inigualável. Gostaria de, antes de minha morte, ter deixado um extrato de uma vida bem interessante, pela peculiaridade de minha estrela, após meu nascimento. Mas, se a sorte destinou a meus dias um fim rápido e glorioso, deixarei que os homens sensíveis, se ainda restam alguns, imaginem o que possa ter experimentado uma vítima do fanatismo, que possuía direitos à fortuna e ao nome de um pai célebre.

Franceses, eis minhas últimas palavras, escutai-me por intermédio deste escrito, e voltai para o fundo de vossos corações; vós reconheceis neles as virtudes austeras e a abnegação dos republicanos? Respondei, quem entre mim e vós preza e serve melhor à pátria? Sois quase todos de má-fé. Não desejais nem a liberdade nem a perfeita igualdade. A ambição vos devora. E esse abutre que vos rói e despedaça sem cessar conduz-vos a todos os excessos. Povo amável, tornou-te deveras velho, teu reinado passou, se tu não parares na beira do abismo. Nunca foste maior, mais sublime, do que quando estiveste na calmaria majestosa que soubeste guardar por entre as tempestades sanguinárias, nas quais os agitadores acabam de te envolver. Lembra-te de que podem te pegar nas mesmas armadilhas. E, se puderes conservar essa calma e essa augusta vigilância, salvarás Paris, a França inteira e o governo republicano.

Foi a ti, Danton, que escolhi como defensor dos princípios que desenvolvi apressadamente, e com abundância de coração neste escrito. Mesmo que sejamos diferentes quanto à maneira de expressar nossa opinião, não te presto menos justiça do que a que lhe é devida, assim como estou persuadida de que fazes da mesma forma quanto a mim. Apelo a teu profundo discernimento, a teu grande caráter; julga-me. Não postarei meu testamento, não incendiarei o povo de Paris, nem os ministérios. Endereçarei meu testamento diretamente, e com firmeza, aos jacobinos, ao ministério e à comuna, às seções de Paris, onde se encontra a maioria saudável de bons cidadãos que, apesar dos esforços dos malfeitores, salvará a coisa pública.

4 de junho de 1793

DISCURSO ENDEREÇADO AO TRIBUNAL REVOLUCIONÁRIO

Último discurso público de Olympe de Gouges na ocasião em que, após diversas semanas de encarceramento, ela compareceu diante do Tribunal Revolucionário.

Tribunal temível, diante do qual tremem o crime e a própria inocência, invoco teu rigor caso eu seja culpada; mas escuta a verdade.

    A ignorância e a má-fé enfim conseguiram me trazer diante de ti; eu não procurava por esse resplendor. Satisfeita por ter servido, na obscuridade, à causa do povo, eu esperava com modéstia e orgulho uma coroa distinta que apenas a posteridade pode conferir, a justo título, àqueles que trouxeram bons méritos para a pátria. Para obter essa coroa resplandecente, certamente era necessário que eu estivesse na mira da mais obscura perseguição. Era-me ainda mais necessário, era necessário que eu combatesse a calúnia, a inveja e triunfasse sobre a ingratidão. Uma consciência pura e imperturbável, eis meu advogado.

Empalidecei, vis delatores, vosso reinado passa assim como o dos tiranos. Apóstolos da anarquia dos massacres. Há muito tempo denunciei-vos à humanidade; eis o que não pudestes perdoar.

Velhos escravos dos preconceitos do Antigo Regime, servos criados da corte, republicanos de quatro dias, convém perfeitamente a vós indiciar uma mulher nascida com grande caráter e uma alma verdadeiramente republicana. Forçai-me a tirar proveito dessas vantagens, dádivas preciosas da natureza, de minha vida privada e de meus trabalhos patrióticos. As máculas com as quais manchastes a nação francesa só podem ser lavadas com vosso sangue que, em breve, a lei fará escorrer sobre o cadafalso. Jogando-me em vossas masmorras, pretendestes vos livrar de uma perigosa vigilante de vossos complôs. Tremei, tiranos modernos! Minha voz se fará ouvir do fundo de meu sepulcro. Minha audácia faz com que vos acovardeis. É com coragem e com as armas da retidão que vos peço conta da tirania que exerceis sobre os verdadeiros sustentáculos da República.

E vós, magistrados que ireis me julgar, aprendei a conhecer-me! Inimiga da intriga, distante dos esquemas, dos partidos que dividiram a França durante o choque das paixões, eu abri um novo caminho, eu vi apenas com meus próprios olhos. Servi meu país unicamente com minha alma. Desafiei os estúpidos. Afrontei os malfeitores e sacrifiquei minha fortuna inteira pela Revolução.

Qual foi o motor que dirigiu os homens que me envolveram em um processo criminal? O ódio e a impostura.

Robespierre sempre me pareceu um ambicioso, desprovido de inteligência e de alma. Sempre o vi prestes a sacrificar a nação inteira para instaurar a ditadura. Não pude suportar essa ambição louca e sanguinária, e a persegui da mesma forma como persegui os tiranos. O ódio desse inimigo covarde se escondeu durante muito tempo sob as cinzas e, desde então, ele e seus seguidores esperavam avidamente o momento favorável para sacrificar-me por sua vingança.

Certamente os franceses não se esqueceram do que fiz de grande e útil pela pátria. Vi há muito tempo o perigo iminente que a ameaça, então desejei servir à pátria por meio de um novo esforço. O projeto de três urnas expostas em um painel pareceu-me o único modo de salvá-la; e esse projeto é o pretexto de minha detenção.

As leis republicanas nos prometiam que nenhuma autoridade ilegal feriria os cidadãos, entretanto um ato arbitrário, um que até os inquisidores, mesmo do Antigo Regime, teriam corado por exercer sobre as produções da mente humana, acaba de arrebatar minha liberdade, no meio de um povo livre.

Segundo o artigo 7º da Constituição, a liberdade de opiniões e de imprensa não é consagrada como o patrimônio mais precioso do homem?

Esses direitos, esse patrimônio, a própria Constituição seriam apenas frases vagas e apresentariam somente pensamentos ilusórios? Infelizmente! Faço essa triste experiência. Republicanos, escutai-me com atenção até o fim.

Há um mês, estou sob grilhões. Já havia sido julgada, antes de ter sido enviada ao Tribunal Revolucionário, pelo sinédrio de Robespierre, que decidira que dentro de oito dias eu seria guilhotinada. Minha inocência, minha energia e a atrocidade de minha detenção sem dúvida fizeram com que esse conciliábulo de sangue realizasse novas reflexões; ao perceber-se desconfortável para inculpar um ser como eu, e que seria difícil lavar-se de semelhante atentado, considerou mais natural fazer-me passar por louca. Louca ou racional, jamais deixei de fazer o bem ao meu país. Nunca podereis apagar esse bem. E, apesar de vós, vossa própria tirania o transmitirá, em caracteres indeléveis, até os povos mais remotos. Mas são vossos atos arbitrários e vossas cínicas atrocidades que devem ser denunciados à humanidade e à posteridade. A modificação que fizestes em minha sentença de morte servirá, algum dia, como tema de uma peça teatral bem interessante. Mas continuo a perseguir-te, caverna infernal, onde as fúrias[1] vomitam em grandes torrentes o veneno da discórdia, o qual teus assistentes vão semear em toda a República, e que vai destruir toda a França, caso os verdadeiros republicanos não se unam em torno da estátua da liberdade. Quando estava sob grilhões, Roma teve apenas um Nero, enquanto a França livre tem uma centena deles.

Cidadãos, abri os olhos e não percais de vista o que segue.

Trago eu mesma meu texto ao expositor da comuna que me exigiu a leitura. Sua esposa, que neste momento eu com-

---

1. Na mitologia greco-romana, as três fúrias, ou erínias, eram terríveis entidades encarregadas de castigar os mortais que ousassem trair os deuses. Elas eram a própria encarnação da vingança. (N. T.)

pararia à serva de Molière, sorria e fazia sinais de aprovação durante a leitura. "Está bom", disse ela, "vou exibi-lo amanhã de manhã."

Qual foi minha surpresa no dia seguinte? Não vi meu cartaz. Fui até essa mulher questionar o porquê desse contratempo. Seu tom e sua resposta grotesca me espantaram ainda mais; ela me disse que eu a havia enganado, e que meu cartaz cantava de forma bem diferente ontem do que o faz hoje.

É assim, disse a mim mesma, que os malfeitores chegam a corromper o julgamento são da natureza. No entanto, não desejando senão o bem de meu país, disse a essa mulher que eu faria um auto de fé de meu panfleto, caso qualquer um, capaz de julgá-lo, tivesse dito que ele poderia ser danoso à coisa pública. Tendo esse evento me proporcionado algumas reflexões sobre a circunstância feliz que parecia acompanhar os ministérios, impediu-me de publicar esse panfleto. Fiz com que passasse pelo Comitê de Segurança Pública e pedi seu parecer, pois esperava sua resposta para descartá-lo.

Dois dias depois, fui detida e conduzida até a Câmara Municipal, onde encontrei o sábio, o republicano, o impassível magistrado Marinot. Todas as suas raras qualidades, virtudes indispensáveis para um homem em sua posição, desapareceram na minha presença. Não vi mais do que um leão que ruge, um tigre furioso, um fanático a quem um raciocínio filosófico conseguira apenas irritar as paixões. Após ter esperado três horas em público por sua sentença, ele disse como um inquisidor para seus lacaios: "Conduzam a madame em segredo, que ninguém no mundo possa falar com ela".

Na véspera de minha detenção, eu havia sofrido uma queda e me ferira na perna esquerda; tinha febre e minha indignação não contribuiu pouco para fazer de mim a mais infortunada das vítimas. Fui trancada em um sótão de 1,80 metro de comprimento e 1,20 metro de largura, onde se encontravam uma cama e um guarda que não me deixava um minuto sequer, dia e noite; indecência da qual a Bastilha e as masmorras da Inquisição não possuem nenhum exemplo. Esses excessos são prova de que o espírito público está totalmente degenerado, e de que os franceses estão próximos de seu fim cruel, caso a Convenção não expulse esses homens que invertem os decretos e paralisam inteiramente a lei. Entretanto, só tenho a testemunhar sobre a honestidade e o respeito dos guardas; acrescentaria até que minha dolorosa situação arrancou, mais de uma vez, algumas lágrimas deles. A febre que eu tinha todas as noites, um calombo que se formava em minha perna, tudo clamava para mim, quando eu teria sido criminosa, o socorro beneficente da santa humanidade. Ah, franceses, não posso me lembrar desse tratamento sem derramar lágrimas! Teríeis dificuldades para crer que homens, magistrados, assim ditos populares, houvessem levado tão longe sua ferocidade até o ponto de recusar, durante sete dias, que me trouxessem um médico e roupas limpas. Por vinte vezes, a mesma camisa que eu ensopara com meu suor secou em meu corpo. Uma cozinheira da Câmara Municipal de Paris, comovida com o meu estado, veio me trazer uma de suas camisas. Sua boa ação foi descoberta, e eu soube que essa pobre jovem sofreu as mais amargas repreensões por conta de sua humanidade.

Alguns administradores honestos ficaram tão indignados com esse tratamento que determinaram o período de meus interrogatórios. É fácil reconhecer, nesses inacreditáveis interrogatórios, a má-fé e a parcialidade do juiz que me interrogava: "Você não gosta dos jacobinos", disse-me o interrogador, "e eles também não têm o dever de gostar de ti!". "Eu aprecio, senhor", respondi-lhe, com o orgulho da inocência, "os bons cidadãos que compõem esta sociedade. Mas não me apetecem os causadores de intrigas." Era preciso, eu sabia antecipadamente, bajular esses tigres, que não mereciam ter o nome de homens, para ser absolvida. Mas aquele que não tem o que se censurar também não tem o que temer. Eu os desafiei; eles me ameaçaram com o Tribunal Revolucionário. "É lá onde vos espero", respondi-lhes. Foi necessário selar meus papéis. No nono dia, fui conduzida até minha casa por cinco comissários. Cada papel que caía em suas mãos era mais uma prova do meu patriotismo e do meu amor pela mais bela de todas as causas. Esses comissários, inicialmente desprevenidos, e surpresos de encontrarem tudo em minha defesa, não tiveram coragem de fixar os selos. Não puderam deixar de concordar, em seu registro, com o fato de que todos os meus manuscritos e impressos apenas respiravam patriotismo e republicanismo. Era necessário me liberar. Foi nesse ponto que meus juízes se embaraçaram; voltar atrás, reparar uma grande injustiça, implorando-me para que esquecesse o odioso tratamento, tal procedimento não compete a almas abjetas. Eles acharam mais agradável transferir-me para a Abadia, onde me encontro há três semanas, instalada em um desses quartos onde podemos ver o sangue das vítimas do 2 de setembro[2] impresso nas paredes. Que espetáculo doloroso para minha sensibilidade. Em vão desvio meus olhos; minha alma está dilacerada; pereço a cada minuto do dia sem terminar minha deplorável vida.

Este relato fiel, bem aquém do tratamento odioso que recebi, vai colocar o Tribunal Revolucionário a par da minha causa e porá fim aos meus tormentos. Qual não será sua surpresa, e de toda a massa dos franceses, quando souberem, infelizmente demasiado tarde, que meu projeto das *Três Urnas* poderia salvar a França do jugo vergonhoso que a ameaça, quando, afinal, por uma dessas grandes medidas que a providência inspira nas belas almas, eu despertava a honra da nação, e a incitava a erguer-se inteira para destruir os rebeldes e repelir o estrangeiro. Este panfleto e minha memória que não podem ser afixados nos muros, em virtude da extensão da questão, vão, por meio da distribuição manual, esclarecer o público. Sim, meus concidadãos, esse cúmulo de iniquidades vai servir a meu país. A esse preço, não me queixo mais. E agradeço à maldade por ter me fornecido, ainda, esta última oportunidade.

E tu, meu filho, cujo destino ignoro, venha, como um verdadeiro republicano, juntar-se a uma mãe que te honra. Estremece por conta do tratamento iníquo que a fizeram provar; teme que meus inimigos façam recair sobre ti os efeitos de suas calúnias. Vê-se no jornal *Observateur de l'Europe*, ou *L'Echo de la liberté*, na *Folha de três de agosto*, uma carta de um denunciante,

---

2. Dia em que se iniciaram as execuções. Massacre de setembro de 1792. (N. E.)

datada de Tours, em que se lê: "Temos aqui o filho de Olympe de Gouges como general. Ele é um antigo servidor do palácio de Versalhes". É fácil desmentir uma mentira tão grosseira, mas os maquinadores não buscam prová-la, a eles basta apenas manchar a reputação de um bom militar. Se não caíste nas mãos dos inimigos, se a sorte te preserva para enxugar minhas lágrimas, abandona teu posto àqueles que não têm outro talento senão mover os homens úteis para a coisa pública; vem, como verdadeiro republicano, exigir a lei de talião contra os perseguidores de tua mãe.

Setembro de 1793

Este livro foi impresso pela Rettec Artes Gráficas e Editora
em fonte Minion Pro sobre papel Holmen Vintage 80 g/m²
para a Edipro no outono de 2020.